CLAN 7

con ¡Hola, amigos!

Nivel 3

Instituto Cervantes

Edinumen

Clan 7
© **Editorial Edinumen**, 2014
© **Autoras:** Inmaculada Gago, M.ª del Mar Garrido, M.ª del Rosario Rodríguez y Pilar Valero
© **Autora canciones, letra y música:** M.ª Idoia Sáez de Ibarra
Coordinadora: Pilar Valero

Curso interactivo ¡Hola, amigos!
© **Instituto Cervantes**

ISBN del Libro del alumno: 978-84-9848-608-7
Depósito Legal: M-24671-2016
Impreso en España
Printed in Spain
0721

1.ª edición: 2014
1.ª impresión: 2015
2.ª impresión: 2016
3.ª impresión: 2017
4.ª impresión: 2018
5.ª impresión: 2019
6.ª impresión: 2020
7.ª impresión: 2021

Maquetación:
Carlos Casado

Ilustraciones:
Olga Carmona

Edición:
David Isa

Canciones:
Voces: Momo Cortés y M.ª Idoia Sáez de Ibarra
Guitarras y bajos: Enrique Torres
Teclados: Fernando Camacho
Música electrónica: David Gómez
Letra y música: Idoia Sáez de Ibarra
Arreglos: Idoia Sáez de Ibarra, Fernando Camacho y Enrique Torres
Ingeniero de sonido: Enrique Torres
Estudio de grabación: www.aire-estudio.es

Fotografías:
Archivo Edinumen.
Fotos y manualidades de las págs. 17, 77 y 79 por cortesía de Patricia Pérez Gago.
Manualidad de la pág. 49 por cortesía de Ignacio Pérez Gago.
Foto de la pág. 53, reciclando bolsas, por cortesía de Marta de Pierrepont Gago.
Fotos de la Feria de Sevilla, pág. 79 por cortesía de Gaultier Dumas.

Impresión:
Gráficas Glodami. Coslada (Madrid)

Editorial Edinumen
José Celestino Mutis, 4. 28028 - Madrid
Teléfono: 91 308 51 42
e-mail: edinumen@edinumen.es
www.edinumen.es

Índice

UNIDAD 1

¿Cómo estás?

Sesión 1

1 1 Escucha y canta.

Buenos días. Buenas tardes.
Buenas noches. Hola, ¿qué tal?
Encantado de conocerte. ¿Cómo estás?
¿Cómo te llamas?
Me llamo María.
Y tú, ¿cómo te llamas?
Me llamo Juan.

¿Cómo te llamas?
Yo soy Lucía y ella es Carmen.
Ellos son Pablo y Tomás.

¿Cuántos años tienes?
Tengo once años.
Vivo en Sevilla.
Hasta luego. Adiós.

¡Hola! ¿Qué tal?
¡Hola!
¿Cómo se llama tu perro?
Es una perra. Se llama Mota.
¡Mota! Ja, ja, ja. Yo me llamo Tomás. Y tú, ¿cómo te llamas?
Yo soy Juan. Ellas son María y Lucía. Y ellos son Pablo y Carmen.
Encantada.
Encantado de conocerte.

2 2 Escucha e identifica. Luego, repite.

3 Escucha y observa. Practica con tu compañero.

¡Hola!, Tomás. ¿De dónde eres?
¡Hola! Soy de México. ¿Y tú?
Soy de España. ¿Cuántos años tienes?
Tengo diez años.

4 Escucha y señala. Luego, repite.

Mira, esta es mi familia.
Mi familia
Fotos
abuela
abuelo
padre
madre
hermano
tío
prima
tía

5 Escucha y lee. Practica con tus compañeros.

¡Hola!, ¿qué tal? ¿De dónde eres, Lucía?

Soy de Argentina, pero vivo en España con mis padres y mis hermanos.

Yo vivo con mis padres, mi hermana y mi abuela.

Mis abuelos viven en Buenos Aires.

Mis abuelos viven en Córdoba.

¿En Argentina?

¡No! ¡En España!

En Argentina hay una ciudad que se llama Córdoba también.

¡Ah! ¿Sí?

Hasta luego, chicos.

Adiós.

Sesión 2

6 [6] Escucha y señala.

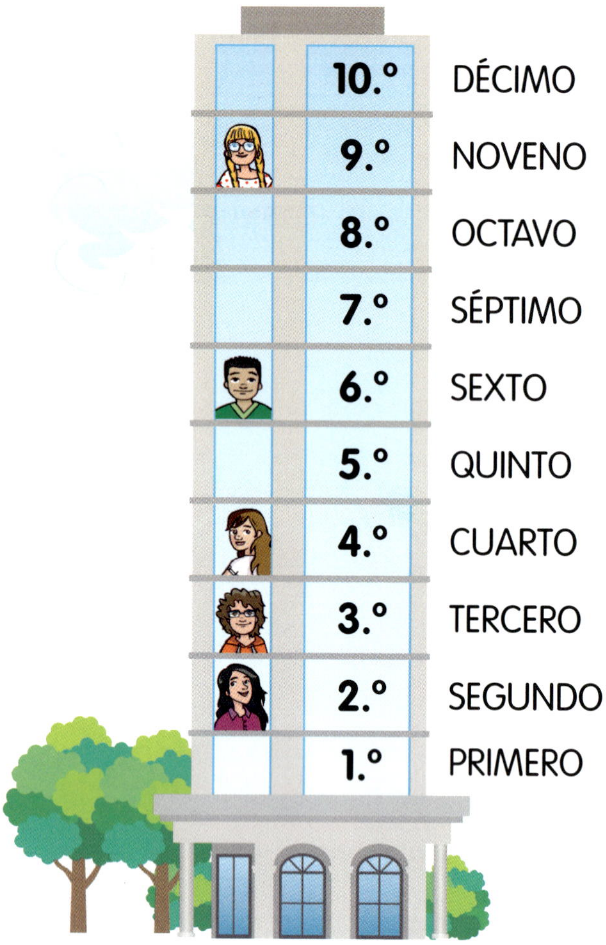
10.º DÉCIMO
9.º NOVENO
8.º OCTAVO
7.º SÉPTIMO
6.º SEXTO
5.º QUINTO
4.º CUARTO
3.º TERCERO
2.º SEGUNDO
1.º PRIMERO

¿Dónde vives?
Vivo en el cuarto piso. ¿Y tú?
Yo vivo en el noveno.

7 [7] Escucha y observa. Luego, repite.

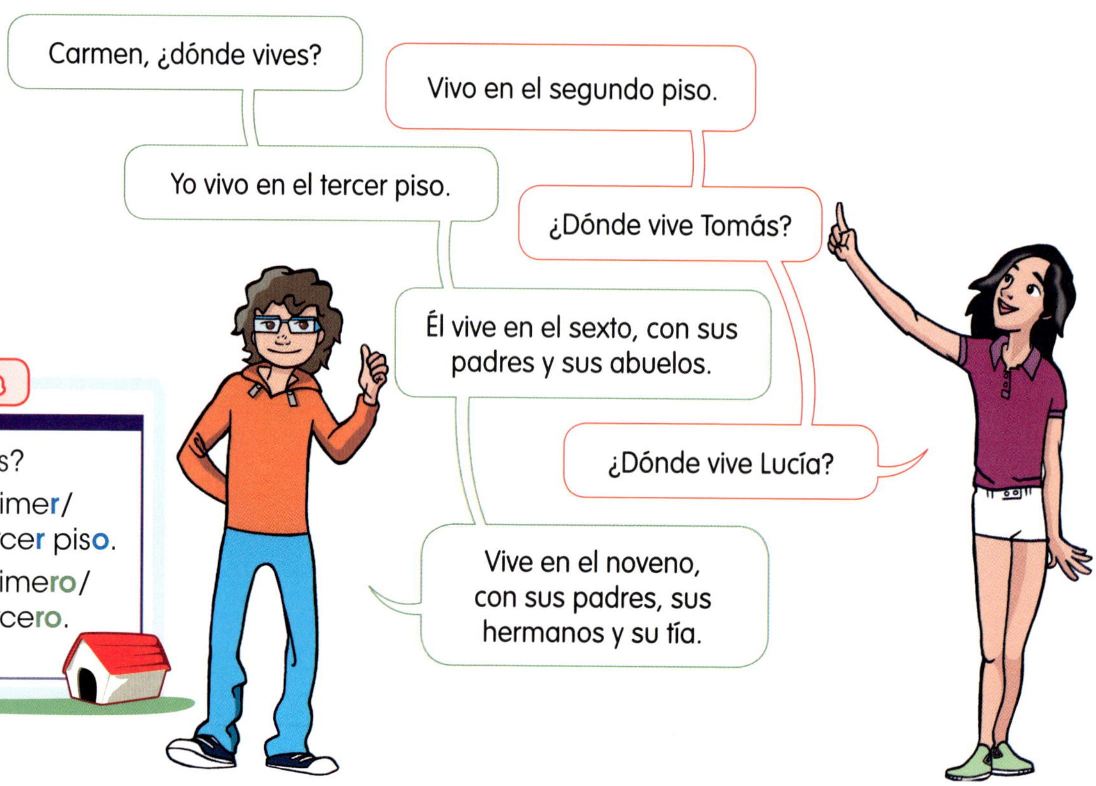
Carmen, ¿dónde vives?
Vivo en el segundo piso.
Yo vivo en el tercer piso.
¿Dónde vive Tomás?
Él vive en el sexto, con sus padres y sus abuelos.
¿Dónde vive Lucía?
Vive en el noveno, con sus padres, sus hermanos y su tía.

Recuerda

- ¿Dónde vives?
- Vivo en **el** prim**er**/segund**o**/terc**er** pis**o**.
- Vivo en **el** primer**o**/segund**o**/tercer**o**.

8 🎧 8 **¡Así suena! Escucha y canta.**

9 🎧 9 **Escucha y lee. Luego, relaciona.**

a Hola. Me llamo Mateo. Tengo 10 años. Vivo en un piso, en la calle Jamaica, en el 2.° C. Vivo con mis padres, mi hermana y mi abuelo. Tengo un perro, se llama Negrito.

b ¿Qué tal? Soy Natalia. Tengo 12 años, soy española. No vivo en un piso, vivo en una casa en la calle Caracas, número 8. Vivo con mis padres, mis hermanas y mi perro Dino. Mis abuelos viven en aquel piso, en el 7.°A.

¿Quién es quién?

1

2

3

4

c Buenos días, soy David. Tengo once años. Soy de Perú. Vivo en la calle Managua, número 3, 4.° D. Es un piso, pero ¡me gustan las casas! Vivo con mi madre y mi hermana Clara.

d ¡Hola! ¿Cómo estáis? Me llamo Noelia. Tengo 10 años. Soy de Argentina. Vivo en una casa, en el número 10 de la calle Brasilia. Mi familia es grande: mis padres, mi hermano, mi hermana, mi abuelo, mis tíos y mis primas. ¡Ah! ¡Tenemos un gato!

Ahora, escribe sobre ti.

Sesión 3

10 🎧 10 **Escucha y relaciona. Luego, repite.**

11 🎧 11 **Escucha y practica con tu compañero.**

Recuerda

Yo	leo monto toco juego dibujo	a veces. normalmente. todos los días.

12 Lee este correo electrónico.

DE: Pablo PARA: Marta ASUNTO: Mis amigos

¡Hola!, ¿qué tal? ¿Cómo estás? Yo estoy muy contento. Tengo unos nuevos amigos y hacemos muchas actividades en el tiempo libre. Yo juego con ellos en el parque todas las tardes. María toca la guitarra y Lucía monta en monopatín todos los días. Su monopatín es ¡verde y morado! ¡Me gusta mucho! Mi amigo Juan tiene una perra. Se llama Mota. Él juega normalmente al baloncesto ¡con Mota! Carmen dibuja muy bien. Es la número uno en clase. Y yo a veces leo cómics con ellos.

Y tú, ¿qué haces?

Hasta luego, Pablo

13 Juega.

Necesitas:

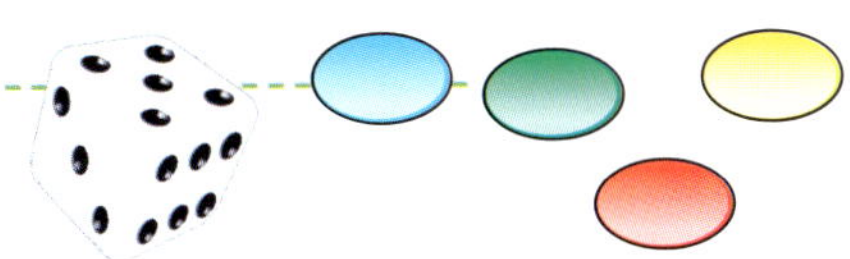

I 12

¡YA SOMOS 7!

¡Pasa!
¡Buen tiro!
¡Canasta!
¡Me encanta jugar al baloncesto!
¡Ufff! Son las 6. ¡Los deberes!
¡Mi madre!
¡Mota! ¡Mooota!
¡Mota no está!
¡Mota! ¿Dónde estás?
¡Motaaaaa! ¡Motaaaaa! ¡Ven!
Aquí tiene. ¡Muchas gracias!
De nada. Buenas tardes.
¡¡Oferta cómics!!
¡Hasta luego!
¡GUAU!
¡GUAU!
¡GUAU!

¡Hola! Tú eres Mota, ¿no?
¡GUAU!
¡GUAU!
¿Dónde está Juan?
¡GUAU!
No está.
GUAU
¡Vamos!
¡Ay, Mota! ¿Dónde estás?
Aquí no está.
Mota es muy inteligente.
¿Qué tal, Juan?
¡Mota! ¡Oh!
¡Mota! ¡Bien!
Tú eres Tomás, ¿no?
Sí.
Bienvenido al grupo.
¡Ya somos 7! ¡Clan 7!

CONTINÚA CON NOSOTROS EN EL TABLERO DIGITAL.

UNIDAD 2

¡Todos los días!

Sesión 1

1 13 **Escucha y canta.**

¡Oh! ¡Ya son las ocho! ¡Buenos días, Mota! ¡Qué bonita eres! Ahora me levanto y desayunamos. Después me ducho, me lavo los dientes, me visto y te saco un rato, ¿vale?
¡GUAU!
¡GUAU!
08:00

Todos los días,
¿qué haces, Juan?

Ya son las 8. Yo me levanto.
Ahora desayuno.
¡Todo qué rico está!

Ya son las 8. Yo me levanto.
Ahora me ducho y me lavo los dientes.

Ya son las 8. Yo me levanto.
Me visto y saco a Mota.
Ahora yo voy al colegio.

1 levantarse

2 ducharse

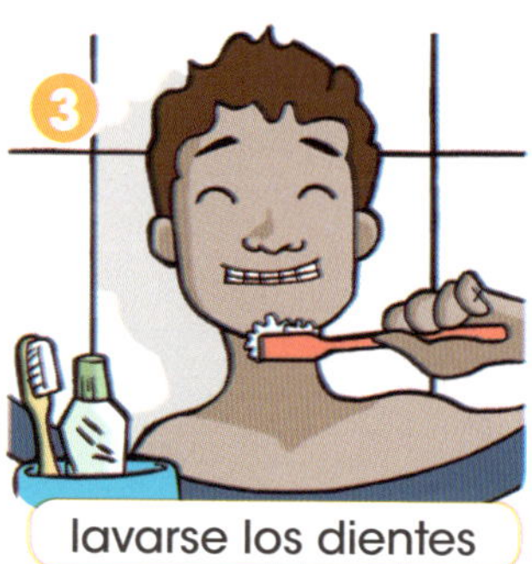
3 lavarse los dientes

4 vestirse

5 desayunar

6 sacar al perro

7 hacer la cama

COLEGIO PÚBLICO
"GLORIA FUERTES"

8 ir al colegio

2 14 **Escucha y repite.**

3 15 Escucha y lee. Luego, representa.

Pablo y Juan están en la puerta del colegio.

Hola, Pablo. ¿Qué tal?

Buenos días, Juan.

¿A qué hora te levantas?

Me levanto a las siete y media, ¿y tú?

Me levanto a las ocho. Después, me ducho y me visto.

¿A qué hora desayunas?

A las ocho y media.

Yo desayuno a las ocho, me ducho después de desayunar y hacer la cama.

Yo hago la cama después de sacar a Mota.

¡Ah! Y me lavo los dientes antes de ir al colegio.

¡Corre! ¡Llegamos tarde!

COLEGIO PÚBLICO
"GLORIA FUERTES"

4 Lee y practica.

Recuerda

Yo **me**	levant**o** duch**o** vist**o** lav**o**
Tú **te**	levant**as** duch**as** vist**es** lav**as**
Él/Ella **se**	levant**a** duch**a** vist**e** lav**a**

levantarse • ducharse • vestirse • lavarse los dientes

¿A qué hora te levantas?
Me levanto a las siete y media. ¿Y tu hermano?
Él se levanta a las ocho.

Sesión 2

5 Escucha y repite.
16

8:15
Son las ocho y cuarto.

8:30
Son las ocho y media.

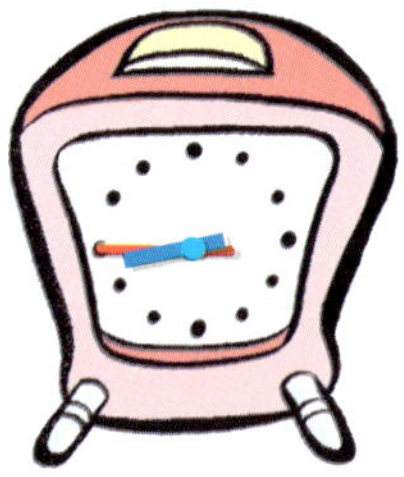
8:45
Son las nueve menos cuarto.

9:00
Son las nueve en punto.

6 Observa y juega.

Son las cuatro menos cuarto.
Es el reloj rojo.

7 Pregunta y responde. ¿Qué haces el fin de semana?

¿A qué hora te levantas?
El sábado me levanto a las diez y media.
Me levanto a las nueve y media.
FIN DE SEMANA

¿A qué hora te duchas?
¿A qué hora te levantas?
¿A qué hora desayunas?
¿A qué hora te vistes?
¿A qué hora te lavas los dientes?
¿A qué hora haces la cama?

POR LAS MAÑANAS

8 Lee y relaciona.

Por la mañana me levanto a las ocho menos cuarto. Desayuno y me ducho a las ocho en punto. Me lavo los dientes y saco al perro. Después voy al colegio. 1

Todos los días me 2 levanto a las siete y media, me ducho y desayuno. Antes de ir al colegio, me lavo los dientes y hago la cama.

Los domingos me levanto a las once, desayuno con mi abuela, me ducho, me visto y me lavo los dientes. Después, voy al parque a patinar. 3

4 De lunes a viernes me levanto a las ocho y cuarto. Desayuno con mis padres y mi hermano. Todos los días hago la cama y me ducho. Voy al colegio a las nueve menos cuarto.

Ahora, escribe qué haces tú.

Todos los días...

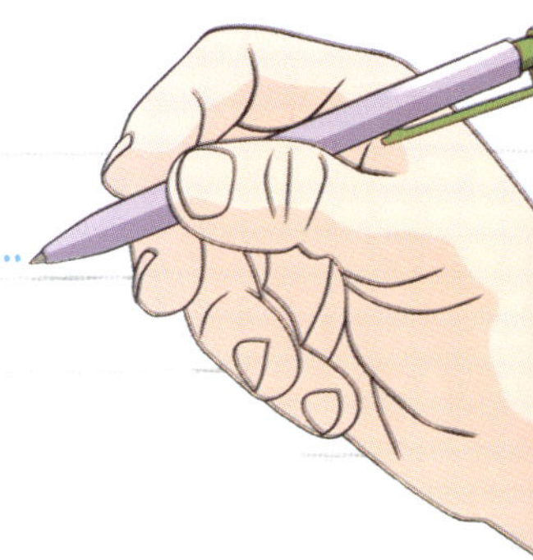

9 I 17 ¡Así suena! Escucha y repite.

g: a → ga, o → go, u → gu

gu: e → gue, i → gui

A Miguel Guillén le gustan las gafas de goma.

ga, gue, gui, go, gu

Sesión 3

POR LAS TARDES

10 18 **Escucha y repite. Luego, relaciona.**

Este es mi horario por las tardes.

COLEGIO PÚBLICO "GLORIA FUERTES"

Vuelvo a casa.

Como.

Ordeno la habitación.

Hago los deberes.

Meriendo.

Voy al parque.

Ceno.

Me acuesto.

11 **Practica con tu compañero.**

¿Qué haces por las tardes?
A las dos vuelvo a casa.
Ahora, sigue tú.

Recuerda

Yo	vuelvo meriendo ordeno
Tú	vuelves meriendas ordenas
Él/Ella	vuelve merienda ordena

12 Escucha y lee. Luego, contesta.

19

En el recreo.

¿A qué hora comes, Carmen?

A las dos y cuarto. ¿Y tú?

Yo a las dos y media.

¿Qué haces por la tarde?

Hago los deberes a las cuatro, y después voy al parque con la bicicleta. ¿Y tú?

Yo como, ordeno mi habitación, y a las cuatro menos cuarto hago los deberes. A las cinco meriendo, y a las cinco y media voy al parque.

¡Genial! ¡La merienda! ¡Es mi comida favorita! ¡Me encanta merendar!

¿Sí? A mí me gusta la cena. Yo ceno a las ocho y media todos los días.

¿Vamos al parque esta tarde a las seis?

Vale, nos vemos en el parque.

	verdadero	falso
1. Tomás hace los deberes a las cuatro y cuarto.	◯	◯
2. Carmen come a las dos y cuarto.	◯	◯
3. Carmen merienda a las cinco en punto.	◯	◯
4. La comida favorita de Carmen es la cena.	◯	◯
5. Carmen y Tomás van al colegio a las seis de la tarde.	◯	◯

13 ¡Crea tu póster!

Necesitas:

cartulinas

lápices de colores

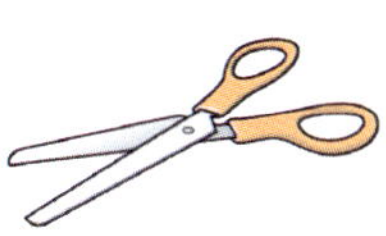

tijeras

pegamento

fotos

Mi horario

Por la mañana, me levanto a las ocho. Me ducho, desayuno, me lavo los dientes y a las nueve en punto voy al colegio.

Por la tarde, vuelvo a casa a las dos y media. Como con mi familia, ordeno la habitación y a las cinco y cuarto hago los deberes.

Por la noche, ceno a las nueve menos cuarto. Me lavo los dientes y me acuesto a las nueve y media.

Patricia.

I 20

¡SON LAS OCHO!

¡Hola, chicos! ¿Cómo estáis?
¡Hola, Ana! ¿Qué tal? ¿Está Juan?
Sí, en el salón.
¡Hola, chicos! ¡Jugamos?
¿Al parchís?
¡Genial!
¡Venga, vamos!
Tira, Carmen.
Ahora, tú.
¡Seis! Uno, dos, tres, cuatro, cinco y seis.
Te toca, Juan.
¡Mira! Juan duerme.
¡Juan, Juan!
¡Despierta!
¡Es hora de levantarse! ¡Son las ocho!
Es muy tarde. ¡Vamos al colegio!
Sí, rápido, a la ducha.
Me lavo los dientes...
...y me visto.

Yo hago la cama.
Y yo ordeno la habitación.
Y yo...
Pero...
¿Qué hacéis aquí? ¡Es por la tarde!
JA
JA
JA
JA
Son las ocho de la tarde.
JA
Es sábado.
TEAM
No hay colegio.
Niños, a cenar. Hay pizza.
¡Bien!
¡GUAU!
¡GUAU!

CONTINÚA CON NOSOTROS EN EL TABLERO DIGITAL.

¿Prefieres carne o pescado?

Sesión 1

1 21 Escucha y canta.

Una vez, dos veces,
tres veces a la semana.
¿Qué prefieres comer?
Hoy prefiero carne, ayer pescado.
De primero, ensalada.
¿Las lentejas o la pasta?
¿Zanahorias o patatas?

Yo llevo el vaso, la cuchara,
y también la servilleta,
el tenedor, el cuchillo...
Pablo, pásame los platos.

2 22 Escucha y repite.

3 23 Escucha y observa.

¿Qué hay en D-Verde?

Lentejas.

¿Cuántas veces tomas lentejas?

Una vez a la semana.

Ahora, pregunta a tu compañero.

4 24 Escucha y repite.

Lucía y María están en el comedor.

Chicas, ¿qué coméis hoy?

Yo tomo de primer plato, ensalada, y de segundo, pescado con guisantes y zanahorias.

Yo prefiero de primer plato, lentejas, y de segundo, carne con patatas fritas.

¿Cuántas veces tomáis verduras?

Tres veces a la semana.

Yo tomo verduras dos veces a la semana.

¡Muy bien! ¿Y de postre?

Fruta. Un plátano.

Yo prefiero una pera.

¿Cuántas veces tomáis fruta?

Todos los días.

Yo, también.

¡Muy bien!

5 25 ¡Así suena! Escucha y repite.

z → a → za
z → o → zo
z → u → zu

c → e → ce
c → i → ci

aceite

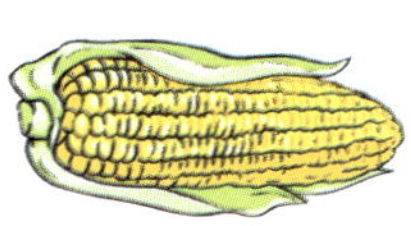

mazorca

calabaza

ciruela

zumo

Sesión 2

6 26 **Escucha y repite.**

¿Qué has desayunado hoy?
He desayunado leche, zumo de naranja y cereales. Y ella ha desayunado solo cereales.
Yo he desayunado leche y pan con aceite.
Ahora, practica con tu compañero.

7 27 **Escucha e identifica.**

Lentejas, pescado y plátano.
Leche, pan y fruta.
Ensalada, pollo con patatas fritas y manzana.
Pasta, pescado y pera.

Recuerda

Yo	he	desayunado
Tú	has	comido
Él/Ella	ha	cenado

8 Lee y contesta.

Mi diario: ¿Qué he comido hoy?

Hola, soy Claudia y soy de España.

Hoy **he desayunado** con mi hermano a las ocho y media. Yo tomo cereales y zumo de naranja tres veces a la semana. Hoy **he tomado** leche y pan con aceite.

Yo como en el colegio con mis amigos. Hay carne o pescado y verduras todos los días. Hoy **he comido** pasta, carne y zanahorias. ¡Me encantan las zanahorias!

A las cinco y media siempre tomo fruta. Hoy **he merendado** una manzana.

Ceno a las ocho y media con mi padre, mi madre, mi abuelo y mi hermano. A veces tomamos sopa. Hoy **hemos cenado** pescado y ensalada, y de postre, fruta.

1. ¿De dónde es Claudia?
2. ¿Ha desayunado cereales hoy?
3. ¿Cuántas veces a la semana toma verduras?
4. ¿Toma pescado todos los días?
5. ¿Con quién cena todas las noches?

9 Pregunta y responde.

¿Qué has desayunado?

He desayunado…

¿Cuántas veces a la semana tomas…?

Tomo… a la semana.

¿Qué prefieres…?

Yo prefiero…

Sesión 3

10 28 **Escucha y aprende.**

¡Tengo hambre! Pablo, ¿me pasas el pan, por favor?

Sí, claro.

¡Tengo sed! Lucía, pásame el agua, por favor.

Sí, por supuesto.

¡Mmm...! Tengo ganas de ensalada.

Yo también. Pásame el aceite, la sal y el vinagre, por favor.

¡Me encantan las hamburguesas! Por favor, ¿me puedes pasar la pimienta?

Sí, toma.

11 **Practica con tu compañero.**

Tengo hambre.
Tengo sed.
Tengo ganas de...

Pásame..., por favor.
¿Me pasas..., por favor?
¿Me puedes pasar...?

pan zumo
cereales pera
patatas fritas
ensalada plátano
sopa agua pasta

Tengo hambre.
¿Me pasas el pan, por favor?

12 Lee y aprende.

¡COME DE COLORES!

Recuerda comer cinco veces al día.

Toma cereales, pasta, pan, arroz, patatas… todos los días.

Fruta y verduras cinco veces al día y, leche, queso y yogur dos veces al día.

Toma pescado, carne, legumbres y huevos, tres o cuatro veces a la semana.

Es buena idea usar el aceite de oliva en las ensaladas. Come el pescado y la carne con verduras, guisantes, zanahorias…

De postre, fruta: peras, plátanos, manzanas, naranjas…

Bebe agua y zumos naturales con frecuencia.

También, practica tu deporte favorito tres veces en semana.

Come en familia y…
¡Tómate tu tiempo para comer!

13 Juega con tu compañero.

Necesitas:

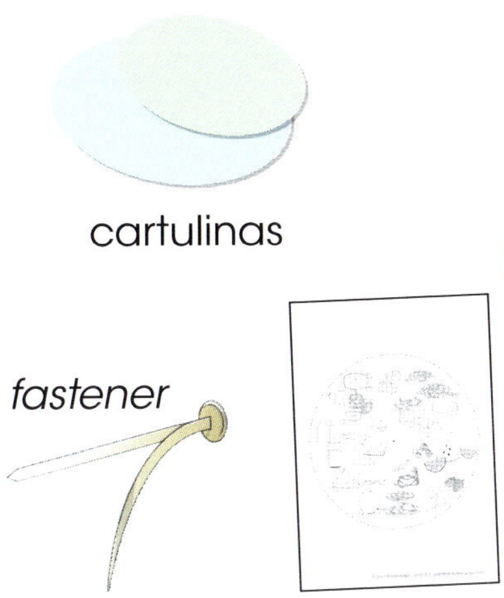

cartulinas

fastener

fotocopia

¿Cuántas veces a la semana?
Tengo ganas de…
¿Me pasas…?
¿Qué prefieres…?

29

EL TOMATE ROJO

4.º Concurso de cocina "El tomate rojo"
¡Bienvenidos!
¡Me encanta el gazpacho!
Hoy toca gazpacho. Tenéis tomates, pimientos, ajo, pan, aceite, vinagre y sal.
3, 2, 1. ¡Ya!
Tenemos tomates, pimientos, pan, ajos, aceite…
¡Vamos, chicos!
¡Vamos! ¡Pásame los tomates!
¡Claro! ¡Toma!
TIC TAC TIC TAC
¿Me puedes pasar el pan y los ajos?
TIC TAC TIC TAC
Sí. Aquí están.
Ahora, la sal, el aceite y el vinagre.
Aquí tienes el aceite, el vinagre y... ¿la sal?
¿Dónde está la sal?
¡Oh, no! ¡No hay sal!
TIC TAC TIC TAC

TIC TAC TIC TAC
TIC TAC
RIIING
Primero, el gazpacho del equipo de los plátanos.
Mmm...
¡No tiene aceite!
¡Oh! ¡El aceite!
Segundo, el gazpacho del equipo de las peras.
Mmm...
¡No tiene vinagre!
¿Ehhh? ¡El vinagre!
Y tercero, el equipo de las manzanas.
Mmm...
Está delicioso.
¡Felicidades!
¡GUAU!
¡Genial!
¡Bien! ¡Bien!
¡Muchas gracias!
¡GUAU!
CONTINÚA CON NOSOTROS EN EL TABLERO DIGITAL.

UNIDAD 4

En la ciudad

Sesión 1

1 30 **Escucha y canta.**

En la ciudad, en la ciudad.
La panadería, la librería. ¿Dónde están?
En la ciudad, en la ciudad.
La papelería, la comisaría. ¿Dónde están?
¡Mira la ciudad! La farmacia, ¿dónde está?
Está delante de la librería.
¡Mira la ciudad! La iglesia, ¿dónde está?
Está detrás de la panadería.

¡Mira la ciudad!
¿Dónde está el centro comercial?
Está delante de la comisaría.
¡Mira la ciudad! La tienda, ¿dónde está?
Está detrás de la papelería.

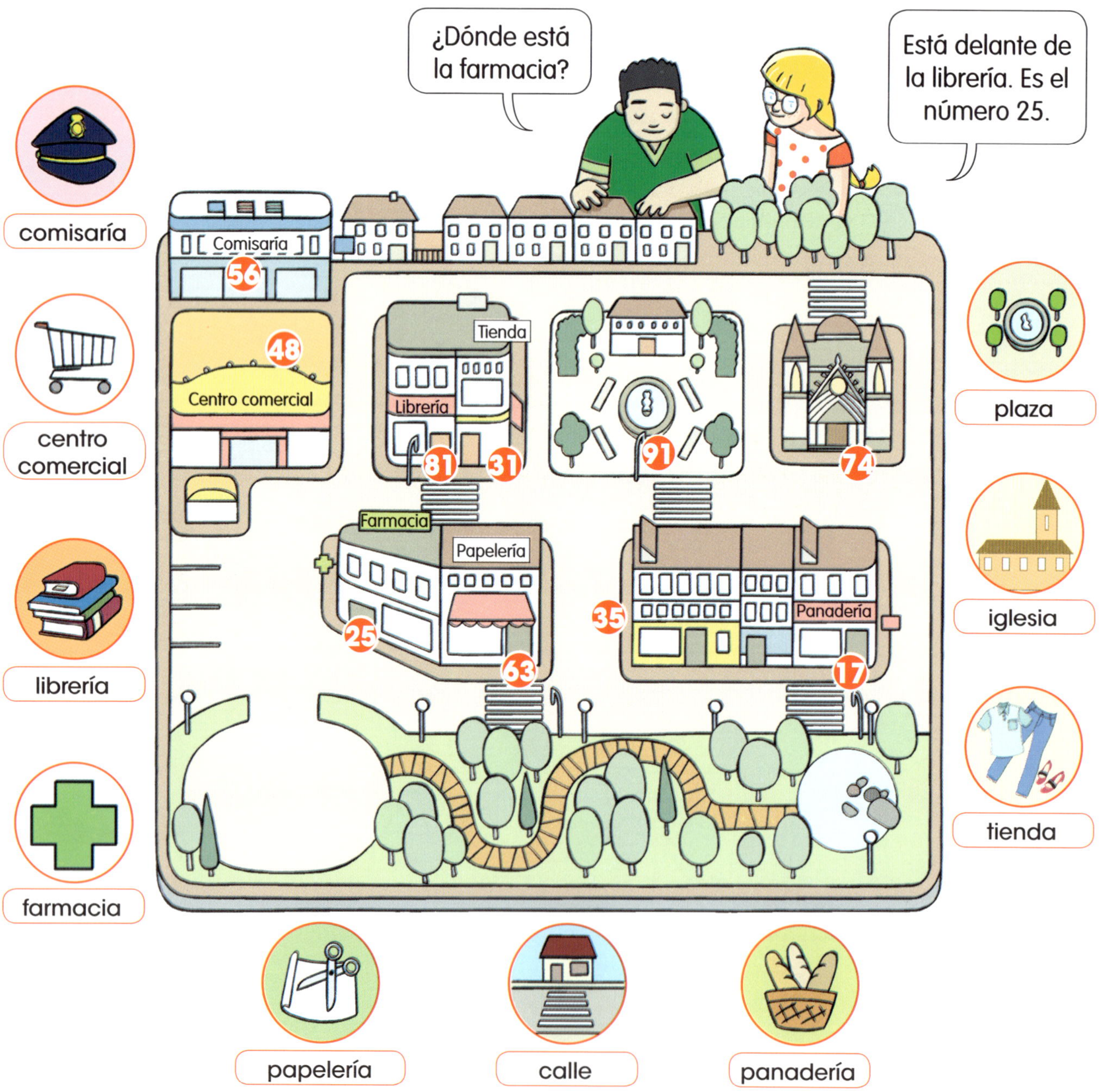

2 31 **Escucha y repite. Luego, identifica.**

3 Observa y responde.

¿Dónde está la farmacia?

La farmacia está al lado de la papelería.

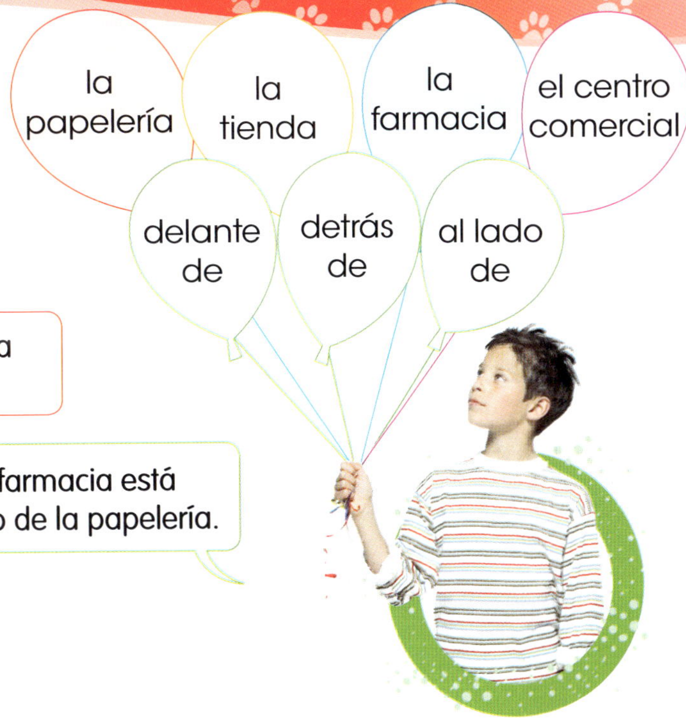

4 32 Escucha y repite.

Carmen está en el centro de la ciudad.

¿Qué tal Carmen?

Hola, Tomás. Necesito tu ayuda. ¿Dónde hay una librería?

Hay una detrás de la farmacia. Es el número 81 de la calle Alegrías.

¡Ah, bien! ¿Y dónde está la plaza Bulerías?

Está al lado de la iglesia.

De acuerdo. ¿Hay una papelería cerca?

Sí, hay una delante de la tienda, al lado de la farmacia. Es el número 63.

¡Muchas gracias, Tomás!

¡Hasta mañana!

5 33 ¡Así suena! Escucha y repite.

G E I = J E I

gigante genial
gente girar

jirafa viaje
garaje jinete

Sesión 2

6 34 Escucha y repite.

	Buenas tardes, ¿hay una farmacia cerca de aquí?
	Sí, hay una a cien metros.
	Y, ¿dónde está?
	Sigue todo recto y, en la librería, gira a la derecha.
	¡Muchas gracias!

Ahora, practica con tu compañero.

7 35 Juega con tu compañero.

¿Dónde estoy?

Sigue recto y gira a la izquierda en la segunda calle. ¿Dónde estoy?

¡Ah! Estás en el bar.

Gira a la derecha y luego gira a la izquierda en la primera calle. ¿Dónde estoy?

Estás en la farmacia.

Ahora, sigue tú.

Recuerda

¿Dónde está...	la librería? la farmacia? la iglesia?	Gira a la derecha Gira a la izquierda. Sigue recto. Cruza (la calle).

8 36 Escucha y lee.

Hoy es sábado. Juan y su familia van al centro de la ciudad. A Juan le encanta. Van en autobús. La parada de autobús está en la plaza. Cerca hay una papelería y una librería. Al lado de la panadería hay una farmacia. Detrás de la iglesia hay un centro comercial. Primero van a la panadería. Miguel, el hermano de Juan, compra su pan favorito. Entran en la librería y Juan compra un libro para su prima, y en la farmacia, medicinas para su abuelo. El padre de Juan tiene que ir a la oficina de correos y le pregunta a un policía.

Por favor, ¿dónde está la oficina de correos?

Sigue recto y gira a la izquierda en la segunda calle. Es el número 75 de la calle Paraíso.

¡Ah! ¡Muchas gracias!

Papá, ¡tengo hambre!

Hay un bar delante de la oficina de correos.

¡Muy bien! Después vamos allí.

9 Responde.

1 ¿Cómo se va a la oficina de correos?

2 ¿Dónde está la parada de autobús?

3 ¿Dónde está el bar?

4 ¿Dónde está el centro comercial?

5 ¿Quién tiene hambre?

6 ¿Qué compra Juan en la librería?

10 Escucha y aprende.

37

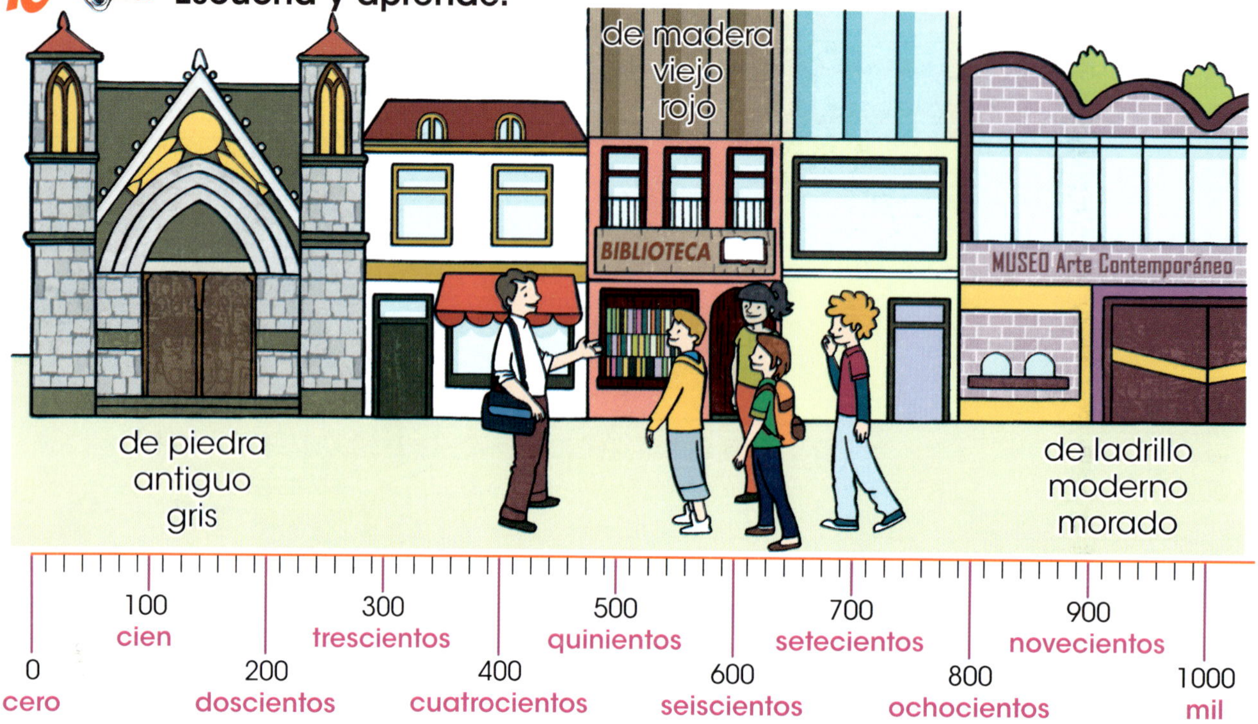

¿Dónde está la iglesia?

Está a 600 metros del museo.
Es un edificio de piedra, antiguo y gris.

¿Dónde está la biblioteca?

Está a 300 metros de la iglesia.
Es un edificio de madera, viejo y rojo.

¿Dónde está el museo?

Está a 200 metros de la biblioteca. Es un edificio de ladrillo, moderno y morado.

11 Lee y practica con tu compañero.

El museo Guggenheim
(Bilbao)

La Catedral de Sevilla
(Sevilla)

La Alhambra
(Granada)

Hórreo de madera
(Galicia)

¿Cómo es la Alhambra?

La Alhambra es un edificio grande, de ladrillo, rojo y muy antiguo.

¿Dónde está?

Está en Granada.

12 38 Escucha e identifica. Luego, lee.

1

2

3

4

5

a Las **casas** son edificios bajos. En ellas viven familias y a veces tienen jardín. Son modernas y de ladrillo. Son blancas o de colores.

b En las montañas o en los bosques hay **casas de madera**. Son casas pequeñas, pero muy bonitas.

c En el Polo Norte hay **casas de hielo** para protegerse del frío. Se llaman **iglús**. Son blancas y redondas.

d Los **bloques de pisos** son edificios muy altos y en ellos viven muchas familias. Son modernos y tienen ¡muchas ventanas!

e Los **castillos** son edificios muy antiguos y normalmente de piedra. Hay muchos castillos en las montañas o lejos de la ciudad. Algunos están al lado de las iglesias.

13 Juega con tu compañero.

Necesitas:

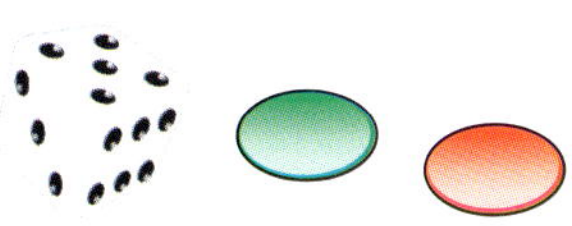

Instrucciones:

¿Qué es? | ¿Cómo se va? | ¿Qué número es?

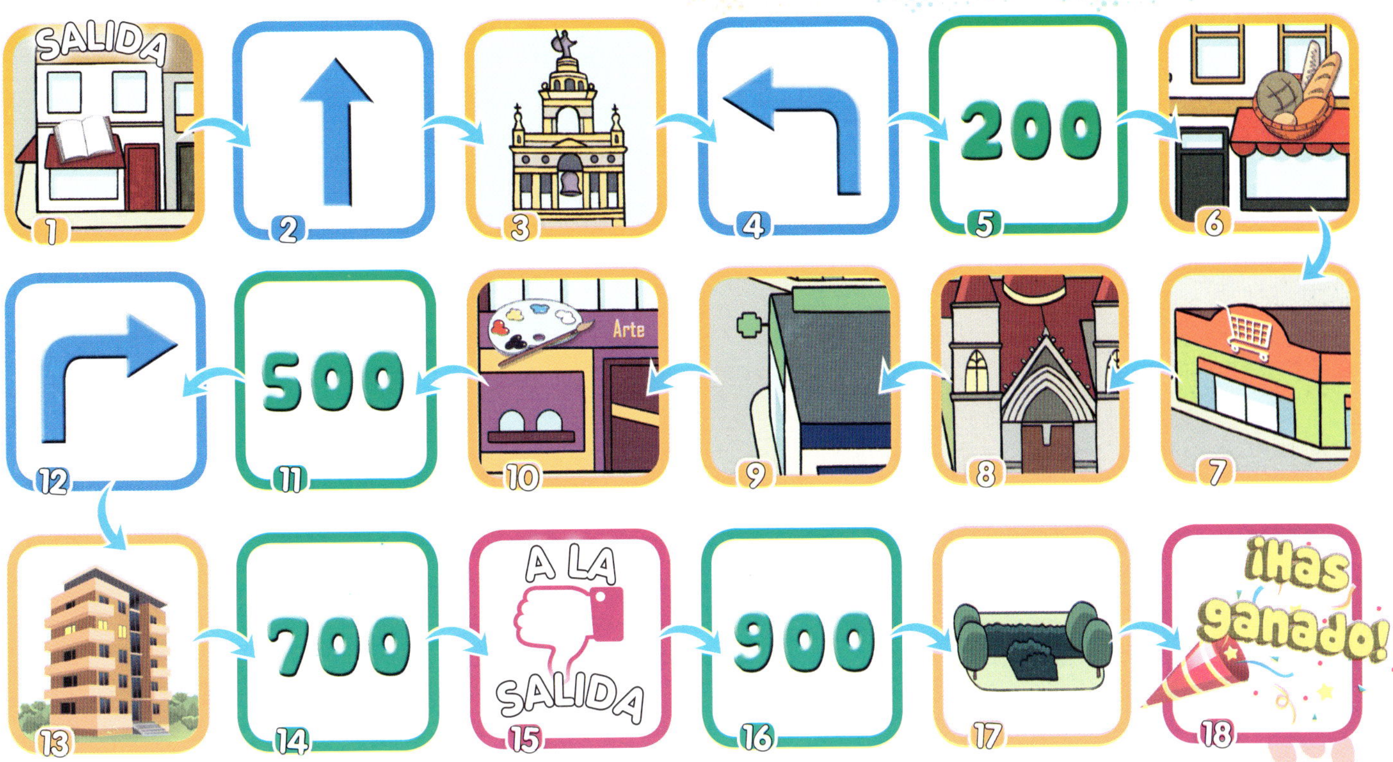

I 39

VAMOS AL MUSEO

¡Vamos, chicos! ¡Al museo!
Uno, dos, tres…
Somos diez.
Tomad, niños, los billetes.
¡Muchas gracias!
COLEGIO PÚBLICO "GLORIA FUERTES"
Juan, ¿dónde está tu billete?
Uy, ¿mi billete? No sé.
¡Juannnnn!
Está aquí.
¿Qué hacemos?
museo
Señalad los edificios.
Una iglesia.
CENTRO COMERCIAL
¡Mira a la izquierda, Tomás! Ahí está la iglesia.
BIBLIOTECA
Una biblioteca.
¡Qué bien! Un centro comercial y un museo.
Sí. Es alta y antigua, de piedra y gris. Está al lado de la tienda.

¡Mira, Lucía! ¡Ahí está la biblioteca!
Sí. Es moderna y de ladrillo. Está delante de una panadería.
¡Me encanta el color rojo!
Ya estamos en el museo.
¡Ahí está mi padre!
¡Hola, Pepe!
¡Hola, Juan! ¿Cómo estás?
¡Bien! Me encanta tu gorra.
¿Entramos?
¡Vamos! Todo recto.
Este cuadro es de un pintor y escultor muy famoso, Antonio López.
¡Qué moderno!
¡Qué bonito!
Dos horas después…
¡Chicos! ¡Al autobús!
¡Oh, no! ¡Mi billete!
¡El billete!
¡Mirad en las mochilas!
Nooooo, no está.
¡Juan, mi gorra!
¡Eh! Tu billete.
¡Bieeeen!
CONTINÚA CON NOSOTROS EN EL TABLERO DIGITAL

Unidad 5

¡Ring, ring! ¿Dígame?

Sesión 1

1 40 **Escucha y canta.**

¿Te apetece ir a la playa?
No, no me apetece.
¿Te apetece ir al cine?
Sí, sí me apetece.

¿Te apetece jugar
a las cartas?
No, no me apetece.
¿Te apetece ir al teatro?
Sí, sí me apetece.

¿Te gusta bailar?
Sí, me gusta bailar.
¿Te gusta correr?
Sí, me gusta correr.
¿Te gusta hacer natación?
Sí, me encanta la natación.

Tomás, ¿te apetece jugar a los videojuegos?
No, gracias. Me apetece jugar al tenis.
Vale, vamos a jugar al tenis.
jugar a las cartas
ir al campo
ir a la playa
hacer gimnasia
ir al teatro
ir al cine
hacer atletismo (correr)
jugar al balonmano
bailar
jugar a los videojuegos
jugar al tenis
Lucía, ¿te gusta el atletismo?
hacer natación (nadar)
¡Sí! ¡Me gusta mucho correr!
¿Qué te apetece hacer esta tarde?
Me apetece ir al cine.

2 41 **Escucha e identifica.**

3 42 Escucha y observa.

¿Te gusta jugar al tenis?

Sí, me gusta mucho.

¿Te apetece jugar al tenis?

No, gracias. Me apetece ir al cine.

¿Te gusta…? / ¿Te apetece…?

Sí,… / No, gracias.

Ahora, practica con tu compañero.

4 43 Escucha y relaciona.

5 44 ¡Así suena! Escucha y repite.

Cuca y Quique corren con una camiseta caqui. La camiseta de Cuca es la catorce y la camiseta de Quique la quince.

Sesión 2

6 45 Escucha y elige.

¿Te gusta jugar al tenis?
¿Le gusta jugar al tenis?

Sí. Yo pienso que es divertido. A Tomás también le gusta jugar al tenis.
¡Me encanta! Creo que es emocionante. Ella cree que es aburrido.
Sí, yo pienso que el tenis es muy aburrido.

Emocionante	Divertido	Aburrido
😃	😊	😒

7 46 Adivina. ¿Quién es?

Piensa que el atletismo es divertido, cree que jugar a las cartas es aburrido y que bailar es emocionante. ¿Quién es?
Ella es...

	Juan	María	Lucía	Pablo
ATLETISMO	😊	😊	😃	😒
BALONMANO	😃	😒	😊	😊
IR AL TEATRO	😒	😊	😃	😊
IR AL CAMPO	😃	😃	😊	😊
JUGAR A LAS CARTAS	😒	😒	😊	😃
BAILAR	😊	😃	😊	😒

Recuerda

			aburrido	divertido	emocionante
Yo	pienso/creo	que es	😒	😊	😃
Tú	piensas/crees				
Él/Ella	piensa/cree				

Ahora, juega con tu compañero.

8 Lee y relaciona.

a

Hola, me llamo Sara.
Me gusta mucho hacer gimnasia. Creo que es emocionante. Todos los días voy al polideportivo de cinco y media a siete de la tarde.
Los fines de semana me gusta ir al campo. Pienso que es divertido.
Mi hermana juega al tenis, pero yo creo que el tenis es aburrido.

b

Hola, me llamo Pedro.
La natación es mi deporte favorito. Voy a la piscina los lunes, miércoles y viernes.
También me gusta ir a la playa. Creo que nadar en la playa es emocionante.
No me gusta jugar a los videojuegos. Pienso que es muy aburrido.

c

Soy Ana.
Creo que ir al teatro es muy divertido. Voy mucho al teatro con mi amiga Patricia. Ella piensa que es emocionante. A ella también le gusta jugar al balonmano. A mí, no. Creo que es aburrido.

d

Mi nombre es Ignacio.
Bailar es ¡emocionante! Me gusta mucho. Después de hacer los deberes voy a bailar con mis amigos. Bailamos *hip-hop* en el parque. Es divertido. No me gusta bailar *rock*. Creo que es aburrido.
Mi amigo Felipe prefiere hacer deporte. El tenis y el balonmano son sus deportes favoritos.

1

2

3

4

9 ¿Verdadero o falso?

1. El deporte favorito de Sara es el tenis. Cree que es emocionante.
2. La hermana de Sara piensa que el tenis es aburrido.
3. Pedro va a la piscina los fines de semana.
4. A Pedro le gusta la natación. Cree que nadar en la playa es divertido.
5. A Ana no le gusta jugar al balonmano.
6. Patricia piensa que el teatro es aburrido.
7. Los deportes favoritos de Felipe son el balonmano y el tenis.
8. A Ignacio le gusta bailar pop.

Sesión 3

10 47 Escucha y repite.

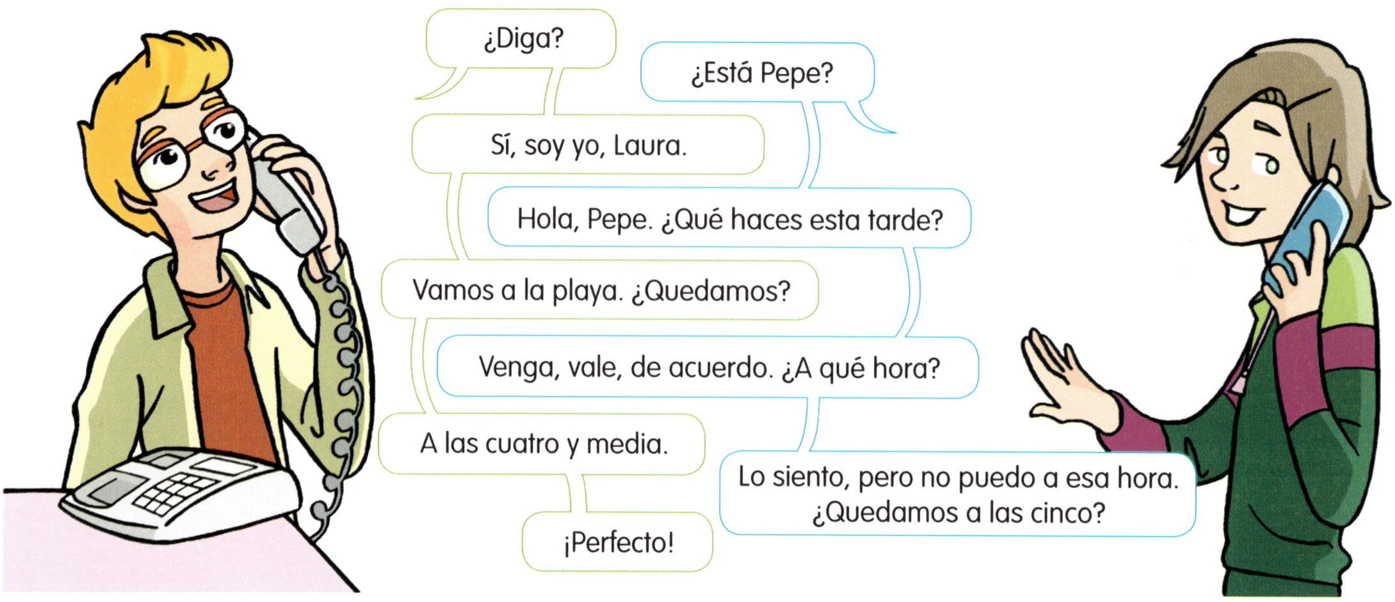

¿Diga?
¿Está Pepe?
Sí, soy yo, Laura.
Hola, Pepe. ¿Qué haces esta tarde?
Vamos a la playa. ¿Quedamos?
Venga, vale, de acuerdo. ¿A qué hora?
A las cuatro y media.
Lo siento, pero no puedo a esa hora. ¿Quedamos a las cinco?
¡Perfecto!

11 Practica con tu compañero.

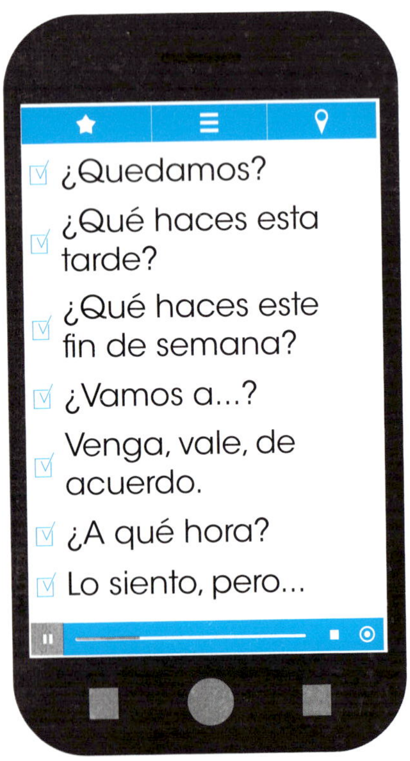

¿Quedamos?
¿Qué haces esta tarde?
¿Qué haces este fin de semana?
¿Vamos a...?
Venga, vale, de acuerdo.
¿A qué hora?
Lo siento, pero...

Necesitas:

cartulina

rotuladores

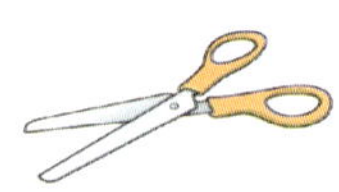
tijeras

pegamento

4:36 PM Marta, ¿qué haces esta tarde?

Voy al parque. ¿Te apetece jugar al fútbol? 4:40 PM

4:41 PM No, no me gusta jugar al fútbol.

¿Te gusta jugar al tenis? 4:42 PM

4:42 PM Sí, me gusta mucho.

A mí, también. 4:42 PM

4:43 PM Yo creo que el tenis es muy divertido.

¿Quedamos? 4:43 PM

4:43 PM Venga, vale, de acuerdo. ¿A qué hora?

¿Quedamos a las seis en el parque? 4:44 PM

4:44 PM Genial.

emocionante

aburrido

divertido

12 Juega a la oca con tu compañero.

Necesitas: 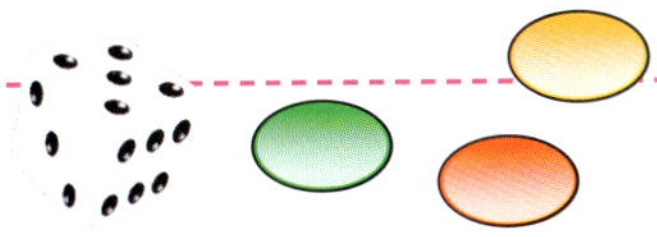

I 48

UN SÁBADO MÁGICO

¿Diga?
Hola, Tomás. Soy Lucía.
Hola, Lucía. ¿Cómo estás?
¡Muy bien! ¿Qué haces el sábado? Me apetece ir al cine.
A mí no me apetece. Creo que es muy aburrido. ¿Te apetece ir al polideportivo?
Bueeeno. ¿Quedamos a las cinco?
Vale, de acuerdo. Hasta el sábado.
Adiós.
En el polideportivo...
¡Oh! ¡Mira, en la piscina! ¡Mi amigo Julián va el segundo!
¡Vamos, Julián!
¡Vamos, Julián! ¡Ánimo!
¡Oh, no lleva gafas!
¡CHAN!
SPLASH
SPLASH
SPLASH
¡Bien! Julián, ¡vamos!
¡¡¡Qué emocionante!!!
¡Julián es el primero! ¡Bravo! ¡Bravo!

¡BLAM!
Carmen está jugando al balonmano. ¿Te apetece ir?
¡Claro!
¡Oh, no!
Creo que necesito otra pelota.
¡CHAN!
¿Mmmm?
¡Creo que ese hombre es mágico!
¡Yo pienso que es fantástico!
¿Vamos a las pistas de tenis?
¡Venga, vale, de acuerdo!
CRACK
¡Creo que es emocionante!
¡Oh!
¡CHAN!
¡Ja, ja, ja! ¡Qué divertido!
¡Mira, Tomás! ¡El hombre mágico otra vez!
¡Tengo una idea! ¿Vamos detrás de él?
¡Mira! ¡Es una película!
JA
¡Sí! ¡Y el hombre mágico es un actor!
JA
JA
JA
¡Y nosotros, también! ¡Qué emocionante!
CONTINÚA CON NOSOTROS EN EL TABLERO DIGITAL.

Unidad 6
Animales del mundo

Sesión 1

1 Escucha y canta.

El león tiene melena,
está saltando por la selva.
Hola, tigre, ¿cómo estás?
Vente conmigo a saltar.
El elefante tiene trompa,
está corriendo por la selva.
Hola, ardilla, ¡sígueme!
Vente conmigo a correr.
El delfín tiene aletas,
está nadando por el mar.
Hola, ballena, ¿cómo estás?
Vente conmigo a nadar.
El camello tiene joroba,
está bebiendo por el desierto.
Hola, cocodrilo, ¡sígueme!
Vente conmigo a beber.

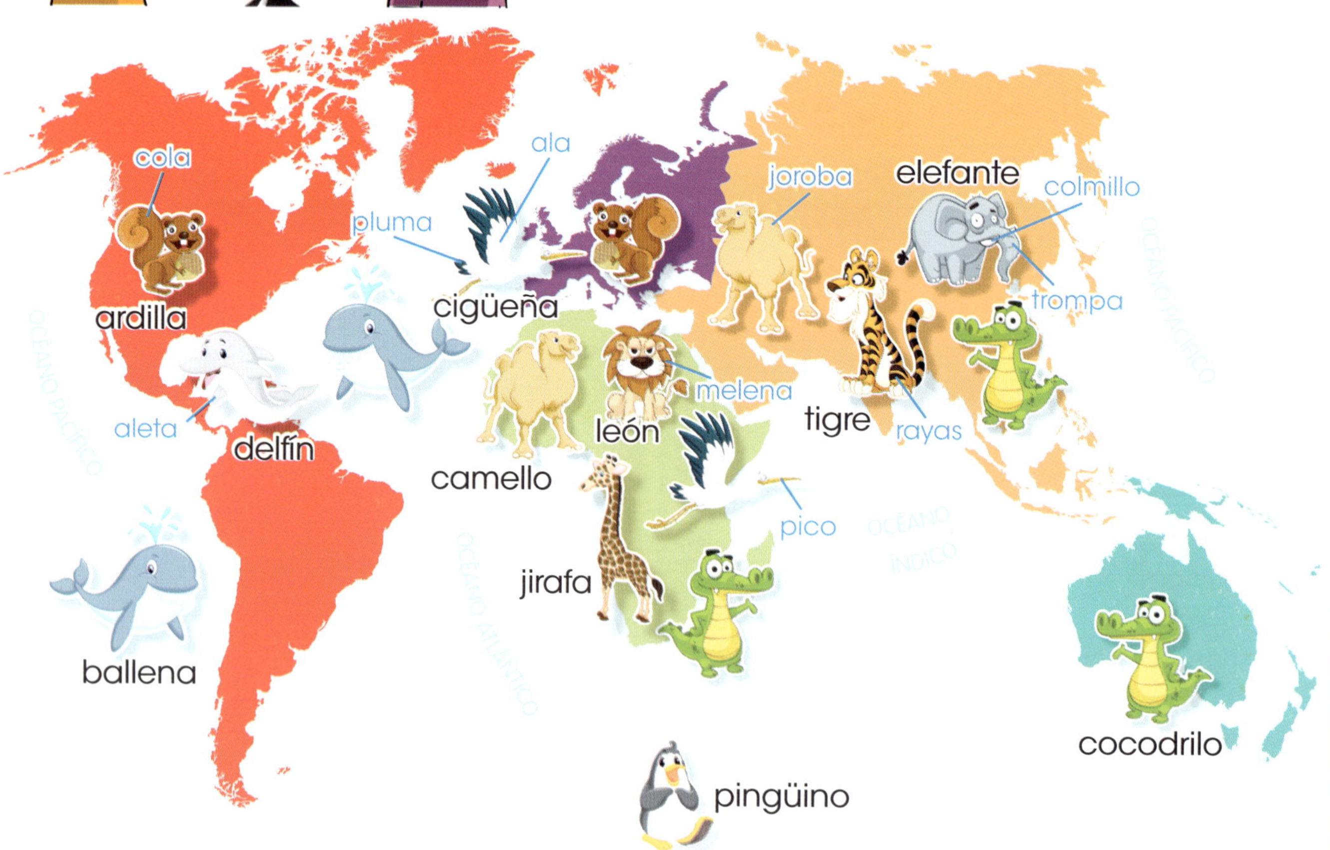

2 Escucha e identifica.

3 Escucha y observa.

Es pequeña, de color marrón, tiene cola y empieza por A.

¡La ardilla!

Es grande, tiene rayas y empieza por T.

El tigre.

Ahora, practica con tu compañero.

4 Juega con tu compañero.

	León	Elefante	Delfín	Ardilla	Cigüeña	Jirafa
TROMPA		✓				
PICO					✓	
MELENA	✓					
ALAS					✓	
COLMILLO	✓	✓				
COLA	✓		✓	✓		✓
ALETAS			✓			
GRANDE	✓	✓	✓			✓
PEQUEÑO				✓	✓	
ALTO		✓			✓	✓
BAJO				✓		

¿Es grande o pequeño?

Es grande.

¿Tiene trompa?

No, no tiene.

¿Tiene melena?

Sí.

¡El león!

5 ¡Así suena! Escucha y repite.

Las cigüeñas y los pingüinos
tienen plumas y alas.
Las cigüeñas vuelan y los
pingüinos andan y nadan.

Sesión 2

¿Qué está haciendo?

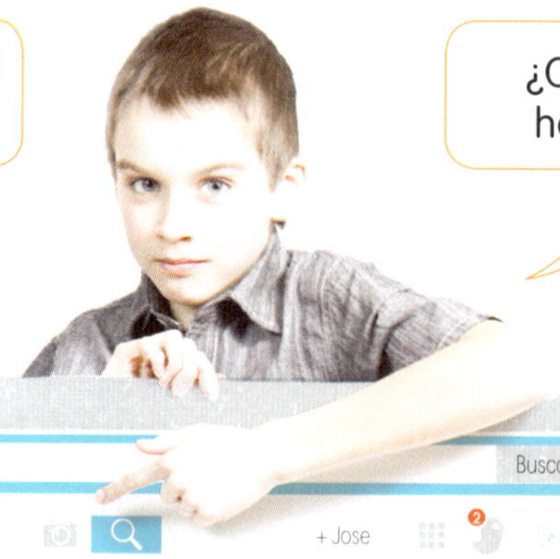

¿Qué están haciendo?

6 Escucha y señala.

Está andando.

Está nadando.

Está corriendo.

Está comiendo.

Están bebiendo.

Están saltando.

Están volando.

7 Observa y practica con tu compañero.

¿Qué está haciendo la jirafa?

Está comiendo.

comiendo
bebiendo
nadando
corriendo
andando
saltando

Recuerda

¿Qué está haciendo?	(Él/Ella) Está...	andando saltando bebiendo	corriendo nadando	volando comiendo
¿Qué están haciendo?	(Ellos/Ellas) Están...			

¿SABÍAS QUE...?

8 Lee y aprende.

LA ARDILLA

Su cuerpo mide entre 19 y 24 centímetros y la cola de 15 a 20. Vive en los cinco continentes y es un animal muy simpático. Es normal verla en parques y es muy rápida. En la foto está comiendo nueces. ¡Es muy rápida comiendo también!

EL COCODRILO

Es un reptil. Vive en África, en Asia, en América y en Australia. Come peces y otros animales. Los dientes de un cocodrilo son muy afilados. Nada muy bien. Es un animal muy inteligente. ¡El cocodrilo del Nilo mide 5 metros! En la foto, los cocodrilos están nadando.

EL LEÓN

Vive en África, en Europa, en Irán y en la India. Tiene el pelo amarillo y rojo. Su cabeza es grande y tiene dientes y uñas fuertes. El león tiene una gran melena, pero la leona no. Vive hasta los 15 años. ¡Come entre 5 y 7 kilos de carne cada día! En la foto, el león está andando por la sabana.

9 Ahora, responde.

1. ¿Dónde viven las ardillas?
2. ¿Qué comen las ardillas?
3. ¿Hay cocodrilos en Europa?
4. ¿Cómo son los dientes de los cocodrilos?
5. ¿Las leonas tienen melena?
6. ¿Cuántos kilos de carne comen los leones?

Sesión 3

10 Escucha y repite.

11 Practica con tu compañero.

12 Lee y ¡crea tu póster!

Necesitas:

cartulinas

lápices de colores

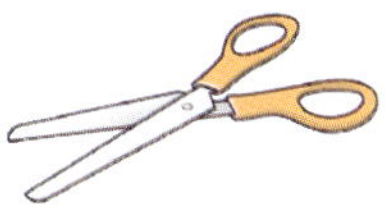
tijeras

pegamento

fotos

El lince ibérico. ¡Vaya gatito!

El lince es de la familia de los gatos, tigres, leones, etc.

Tiene los colmillos muy grandes y come otros animales. Su comida favorita es el conejo. Ve muy bien de día y de noche. Es muy rápido, y siempre está corriendo y saltando. Tiene las patas largas y la cola corta. Tiene el pelo marrón claro, con manchas negras.

lince

conejo

Los pequeños van con su madre y después viven solos. Su casa se llama *madriguera*.

madriguera

No le gusta el calor. En verano duerme de día y sale de noche.

Vive en zonas de España y Portugal, pero hay muy pocos. ¡Están en peligro de extinción!

13 8 Escucha y lee. Luego, dibuja.

CÓMO SE DIBUJA UN ELEFANTE

¡VAMOS A EMPEZAR!
EL ELEFANTE
ES MUY INTERESANTE
PARA DIBUJAR.
SU CUERPO ES GRANDE COMO
UN CAMIÓN;
GRANDES LAS PATAS Y
OREJAS,
CUATRO PELOS EN LAS CEJAS.
LA TROMPA, ¡QUÉ TROMPAZO!
GRANDES COLMILLOS,
COMO CUCHILLOS.
TODO ES GRANDE,
SOLO TIENE PEQUEÑOS
LOS OJOS Y EL RABO.

EL ELEFANTE
ELEGANTE,
MÚSICO
BRILLANTE,
TOCA LA TROMPA
AL INSTANTE.

EL ELEGANTE ELEFANTE,
LENTO,
YA ESTÁ DIBUJADO.
¡SOLO LE FALTA QUE CANTE!
¡EL ELEFANTE!

(Texto adaptado de GLORIA FUERTES)

¡AVENTURA EN TARIFA!

¡Qué bien! ¡Vamos a ver ballenas y delfines!
Me gustan las ballenas porque son muy grandes.
A mí me gustan los delfines porque son muy rápidos y graciosos.
¡Y muy inteligentes!
¡Todos al barco!
¡Sí, capitán!
¡Cuidado! ¡Están corriendo!
¡Chicos, más lento, por favor!
África está muy cerca. Allí viven leones, camellos, cocodrilos, jirafas…
¡Mira, los leones tienen melena y son muy grandes!
¡Huy! ¡Qué altas son las jirafas!
¡Qué divertido!
Y, mira, ¡están bebiendo!
El cocodrilo está comiendo.
¡Tiene unos colmillos enormes!
¡Vamos arriba para ver los delfines!

¡Allí está África! ¡Qué cerca!
¡Mira, las cigüeñas están volando a España!
¡Tienen un pico muy largo!
¡Hay muchas!
¡Y tienen plumas blancas y negras!
¡Chicos, mirad! ¡Hay muchas aletas!
¡Creo que son delfines!
Sí, son delfines, ¡y están saltando!
¡Están nadando hacia el barco!
¡Me gustan mucho porque son rápidos!
¡Juan! ¡Juan! ¿Dónde está Juan?
¡Juan! ¡Juan!
¡Motaaa!
¡Aquí!
¡Mirad a Juan y a Mota! ¡Están nadando con los delfines!
¡Son mis amigos!
TEAM
JA
JA
CONTINÚA CON NOSOTROS EN EL TABLERO DIGITAL.

Unidad 7

Yo pienso en verde, ¿y tú?

Sesión 1

1 10 **Escucha y canta.**

Recicla la basura, recicla la basura. ¿En qué contenedor?
Vamos a reciclar, ahorrar agua y energía.
Recicla la basura, recicla la basura. ¿En qué contenedor?
En el azul, periódicos y papel.
No tires aquí los plásticos.
Amarillo: latas y bolsas.

No tires aquí las cajas.
En el verde, vidrio y botellas.
No tires aquí los envases.
Apaga la luz y cierra el grifo.
Ahorra agua y energía.

No, Tomás, no tires ahí la lata.
apagar la luz
ahorrar energía
reciclar
En casa reciclamos las latas, las botellas y los periódicos.
bolsas
Tenemos tres contenedores: amarillo para el plástico, verde para el vidrio y azul para el papel.
Cerramos los grifos para ahorrar agua y apagamos la luz para ahorrar energía.
basura
plástico
vidrio
periódicos
botellas
papel
ahorrar agua
cerrar el grifo
envases
cajas
latas
contenedor
¡Nosotros reciclamos! ¿Y tú?

2 11 **Escucha e identifica.**

3 Escucha y relaciona. Luego, repite.

4 Observa y practica con tu compañero.

¿Tú reciclas los envases?

Sí, en el contenedor azul.

Sí, en el contenedor amarillo. ¿Y tú reciclas el papel?

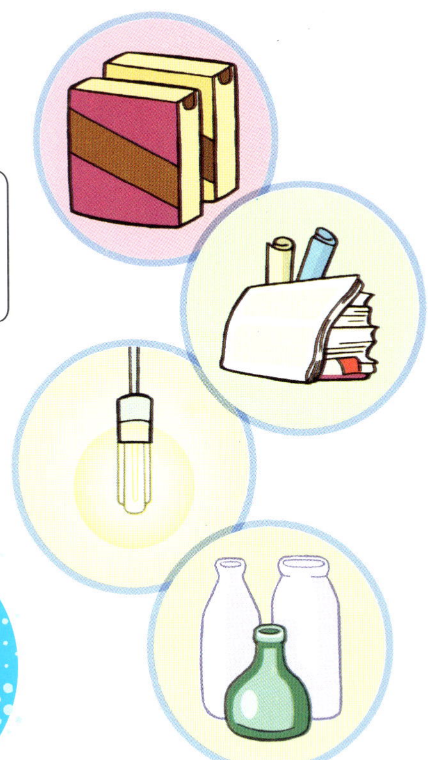

¡Así suena! Escucha y repite.

La hormiga y el hipopótamo
han ido a comprar un helado.
¡Hola, Héctor! Dos helados de huevo.
El hombre, helado se ha quedado.

Sesión 2

6 Escucha y observa. Luego, repite.

Para salvar el planeta hay que reciclar el vidrio, el papel y los envases.
Debes ahorrar agua. ¡No te bañes! Dúchate.
Para salvar el planeta...
Hay que reciclar.
Tienes que apagar la luz.
Debes cerrar el grifo.
Debes ahorrar agua.
Debes ahorrar energía.
Y tienes que ahorrar energía.

7 Observa y practica con tu compañero.

Debes reciclar los envases.
Tienes que apagar la luz.
Hay que salvar el planeta
Hay que...
Tienes que...
Debes...
Piensa en verde

Recuerda

Hay que	reciclar
Tienes que	apagar
Debes	ahorrar

8 15 Escucha y lee.

MI BLOG EN VERDE

Inicio | Biografía | Mis gustos | Sueños | Amalia

REDES SOCIALES

Buscar

ÚLTIMAS ENTRADAS

Lo más leído

Lo más seguido

Archivo Blog

SOBRE MÍ - AMALIA

12 de noviembre

He visto esta fotografía en el periódico: una cigüeña atrapada en una bolsa. ¡Pobre cigüeña! No debemos tirar las bolsas. Hay que proteger a los animales. Recicla las bolsas de plástico. ¡Piensa en las pobres cigüeñas!

10 de octubre

Mirad dónde acaban las latas, las botellas y los envases que no reciclamos. ¡Es horrible! Tenemos que reciclar. Debemos usar los contenedores. Recordad: el contenedor verde es para el vidrio, el amarillo para los envases y el azul para el papel. ¡Salvemos nuestro planeta!

25 de septiembre

Mira la foto. ¿Cierras el grifo cuando te lavas los dientes? ¿Te bañas o te duchas? El agua es muy importante para el planeta. Recuerda: cierra el grifo. Los animales y las plantas necesitan agua.

29 de agosto

¿Qué ocurre cuando no apagas la luz? El planeta se calienta. El clima cambia. El hielo se derrite. Debes ahorrar energía, apagar el ordenador, el televisor y la luz. Ayuda al planeta Tierra. Tu ayuda es muy importante. ¡No lo olvides!

Ahora, tú.

Fecha: ____________

9 Escucha y repite.

¡Mira la casa! Vamos a ayudar al planeta.

Hay que ahorrar energía en los dormitorios.

Tenemos que apagar el ordenador.

En el cuarto de baño, debemos ahorrar agua.

Hay que cerrar el grifo mientras nos cepillamos los dientes.

También, debemos ahorrar agua en el jardín.

En la cocina, hay que reciclar.

En el salón, tenemos que apagar el televisor y la luz cuando estamos fuera.

10 Practica con tu compañero.

¿Cómo ayudas a salvar el planeta?

Yo apago el ordenador de mi dormitorio cuando estoy fuera. ¿Y tú?

Yo cierro el grifo del cuarto de baño.

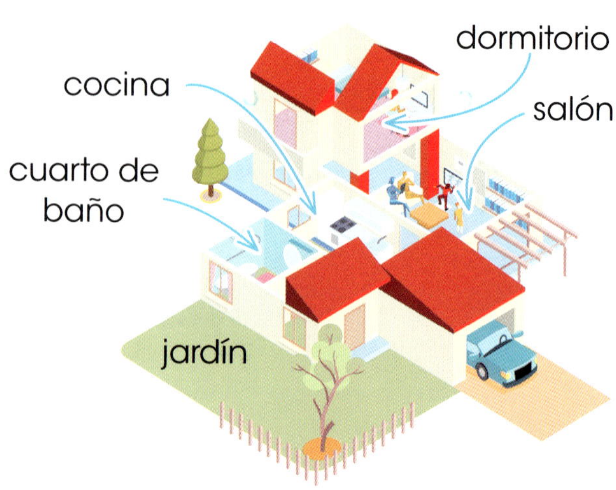

¿PIENSAS EN VERDE?

11 Lee y responde.

1. ¿Reciclas el vidrio?
   a. Sí, siempre.
   b. A veces.
   c. Nunca.
2. ¿Dónde reciclas el papel?
   a. En el contenedor azul.
   b. En el contenedor amarillo.
   c. No reciclo el papel.
3. ¿Tiras las bolsas de plástico?
   a. No, las uso muchas veces.
   b. Sí, a la basura.
   c. A veces.
4. ¿Apagas la luz cuando sales de una habitación?
   a. Sí, siempre.
   b. A veces.
   c. Nunca.
5. ¿Apagas el ordenador cuando no lo usas?
   a. Sí, siempre.
   b. A veces.
   c. Nunca.
6. ¿Apagas el televisor cuando no lo usas?
   a. Cuando me acuerdo.
   b. Sí, siempre.
   c. No, me gusta escucharlo.
7. ¿Te bañas o te duchas?
   a. Normalmente me baño.
   b. Normalmente me ducho.
   c. Las dos cosas.
8. ¿Cierras el grifo mientras te cepillas los dientes?
   a. No.
   b. Sí.
   c. Cuando mis padres me lo dicen.
9. ¿Dónde reciclas los envases?
   a. En el contenedor amarillo.
   b. No reciclo los envases.
   c. En el contenedor azul.
10. ¿Tiras las latas a la basura?
    a. Sí, siempre.
    b. No, las reciclo.
    c. A veces.

De 24 a 30 puntos: ¡Muy bien! Eres una persona que piensa en verde. ¡Felicidades!

De 17 a 23 puntos: Vale, a veces ayudas a tu planeta, pero recuerda que puedes hacer más.

De 10 a 16 puntos: ¡No! ¡No piensas en verde! Es hora de ayudar al planeta. ¡Empieza!

10. a.1; b.3; c.2
9. a.3; b.1; c.1
8. a.3; b.2; c.1
7. a.1; b.3; c.2
6. a.1; b.3; c.2
5. a.2; b.3; c.1
4. a.3; b.2; c.1
3. a.3; b.1; c.2
2. a.3; b.1; c.1
1. a.3; b.2; c.1

12 Haz carteles: escribe tu mensaje.

Necesitas:

cartulinas

rotuladores

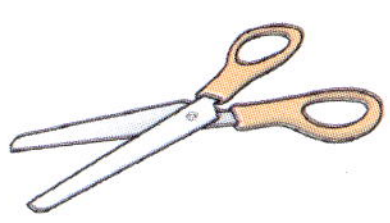

tijeras

17

¡MOTA RECICLA TAMBIÉN!

¡Vamos a la playa!
¡GUAU!
¡GUAU!
¡Qué bien! Me encanta ir a la playa.
¡Es horrible! Mirad, chicos, los papeles.
Yo siempre reciclo el papel.
Hay que reciclar.
¡Mirad! Han tirado latas a la carretera.
Deben ir al contenedor amarillo.
¡Y el vidrio! En el contenedor verde.
¡Chicos, ya hemos llegado!
¡Oh, no! ¡Hay basura!
¡No cuidamos el planeta!
¡GUAU!
¡GUAU!
¡Bien!
¿Jugamos al escondite?
Sí. Yo cuento hasta 20 y vosotros os escondéis.
1, 2, 3, 4, 5,…
¡GRAG!
¡GRAG!
¡GRAG!
¿Qué suena?

¡Oh, no!
¿Qué te ocurre, pequeña?
¡Un plástico en tu pico! ¡Pobre gaviota!
¡Pablo, Juan, Lucía, Mota, venid, venid!
¡GRAG!
¡GUAU!
¡GUAU!
No tengas miedo.
¡Uf! ¡Un plástico!
Pobre gaviota. Ven, pequeña.
Así. ¿Ves? Solo quiero ayudarte.
Muy bien, bonita.
¡GRAAAG!
¡Ya está! ¡Fuera plástico!
¡GRAAAAAAG!
¡Bien, María!
¡Has salvado a la gaviota!
¡GUAU!
¿Qué haces, Mota?
¡GUAU!
¡Quiere poner el plástico en el contenedor amarillo!
JA
JA
¡Mota recicla, también!
JA
¡Muy bien, Mota!
CONTINÚA CON NOSOTROS EN EL TABLERO DIGITAL.

Unidad 8

Un paseo por el pasado

Sesión 1

1 18 **Escucha y canta.**

¿Qué hiciste ayer?
Ayer me quedé en casa.
Tomás, ¿tú qué hiciste ayer?
Escribí en el ordenador tarde.

Ayer jugué al baloncesto.
María, ¿tú qué hiciste ayer?

Yo estudié Matemáticas
y por teléfono hablé.

Ayer escuché música.
Juan, ¿tú qué hiciste ayer?
Paseé a Mota por el parque temprano.

Juan, ¿qué hiciste ayer?
Paseé a Mota por el parque y después, me quedé en casa.
Yo estudié Matemáticas y hablé con mis abuelos.
También jugué al baloncesto.
¡Y yo escuché música! ¿Y tú?
Yo escribí un correo a mis primos y compré el pan para la cena.

Paseé a Mota.
Me quedé en casa.
Estudié Matemáticas.
Hablé (por teléfono) con mis abuelos.
Jugué al baloncesto.
Escuché música.
Escribí en el ordenador.
Compré pan.

2 19 **Escucha y repite.**

3 20 Escucha y relaciona. Luego, repite.

Hablé con mis padres.

Chateé tarde con mis amigos.

Jugué al baloncesto.

Escuché música.

Me quedé en casa.

Trabajé temprano en el jardín.

Pinté un cuadro.

Estudié Matemáticas.

Comí con mi madre.

Paseé con mis amigos.

4 Pregunta a tu compañero.

¿Ayer paseaste con tus amigos?

Sí, estudié.

No, ayer me quedé en casa. Y tú, ¿estudiaste Matemáticas?

Recuerda

	HABLAR	COMER	ESCRIBIR
Yo	hablé	comí	escribí
Tú	hablaste	comiste	escribiste
Él/Ella	habló	comió	escribió

5 21 ¡Así suena! Escucha y repite.

Ramón habló con José.
Ramón le contó que estudió español
cuando cumplió diez y José le contó
que él, japonés con veintitrés.

Sesión 2

6 22 Escucha y repite.

Pablo y Carmen están en el recreo.

¿Dónde estuviste ayer?

Ayer estuve en casa de mis abuelos. También estuvo mi primo con un amigo.

Yo fui al cine **el miércoles pasado**.

¿Con quién fuiste?

Fui con Lucía y mi madre.

Hice los deberes de Matemáticas.

¿Cuándo los hiciste?

Los hice **anteayer**. Juan los hizo en mi casa. ¿Tuviste clase de Música **el otro día**?

No, no tuve clase, pero Juan sí.

7 Juega con tu compañero.

¿Cuándo fuiste a la playa?

Fui a la playa todos los días el año pasado. ¿Cuándo estuviste en…?

Niño A

Niña B

Ayer | El fin de semana pasado | El lunes pasado | Anteayer | El año pasado

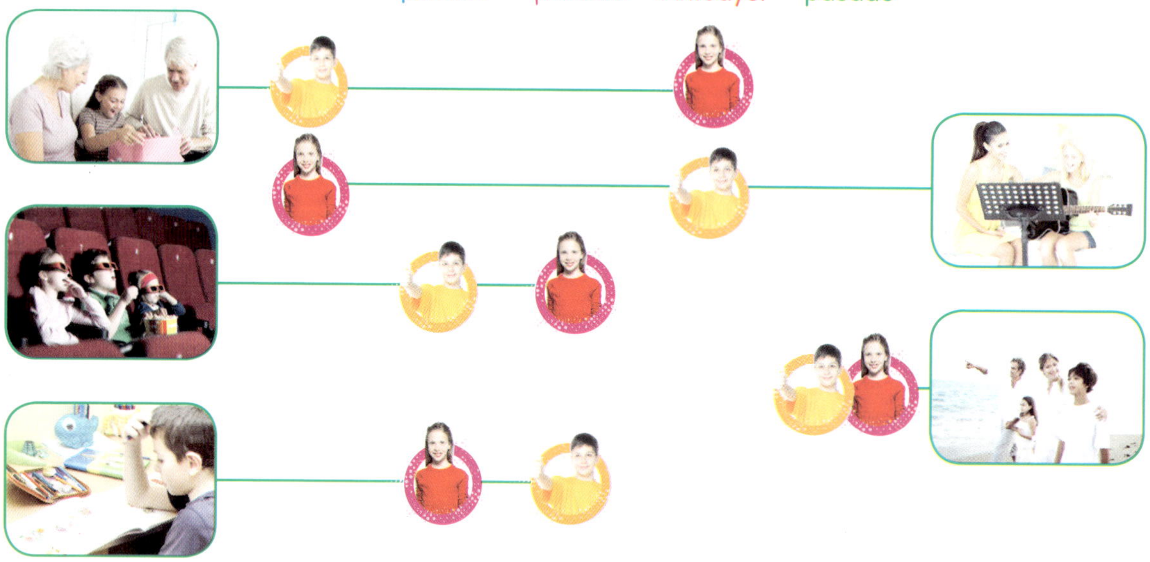

Recuerda

		HACER	IR	ESTAR	TENER
Ayer/Anteayer/ El otro día...	Yo	hice	fui	estuve	tuve
	Tú	hiciste	fuiste	estuviste	tuviste
	Él/Ella	hizo	fue	estuvo	tuvo

8 23 Escucha y lee.

http:// Revista digital "Colegio Gloria Fuertes" Buscar

Noticias Colegio Gloria Fuertes

1 Los niños y las niñas del Colegio Gloria Fuertes estuvieron ayer en la playa. María jugó al escondite con sus amigos. Se encontró una gaviota con un plástico alrededor del pico. Y le salvó la vida. ¡Ahora puede comer!

Hace tres semanas un grupo de 5.° del colegio fue al mercado Central. La profesora compró los ingredientes para el concurso de cocina. El equipo trabajó mucho y, al final, ganó el concurso. ¡Su gazpacho fue el mejor!

2

El mes pasado nuestro grupo estudió los cuadros de Antonio López. Luego estuvo en el museo de Bellas Artes. La visita fue interesante. Les gustó mucho. 3

Hace dos meses, el actor Manuel Molón, "el hombre mágico", estuvo en nuestra ciudad. Él tuvo mucho trabajo y estuvo con nuestros chicos en el polideportivo municipal. ¡La película fue estupenda! 4

El grupo de amigos estuvo en el estrecho de Gibraltar la primavera pasada. Hizo un día muy bueno para ver los delfines. Juan nadó con ellos. ¡Fue genial! 5

Ahora, responde.

1. ¿Cuándo fue nuestro grupo al museo de Bellas Artes?
2. ¿Qué compró la profesora en el mercado Central?
3. ¿Cuándo salvó María a la gaviota?
4. ¿Quién es el actor que trabajó en el polideportivo municipal?
5. ¿Adónde fue el grupo para ver los delfines?

Ahora tú, cuenta tu noticia.

Sesión 3

9 II 24 **Observa, escucha y lee.**

1937 mil novecientos treinta y siete

Alejandro Campos estuvo enfermo en un hospital. Allí conoció a muchos niños. Ellos no podían jugar al fútbol. Cuando salió del hospital, inventó el **futbolín** en 1937. Alejandro Campos vivió hasta 2007.

El **chupa-chups** es un invento español. Enric Bernat en 1957 puso un palo a un caramelo. En 1968, Salvador Dalí, un pintor español muy famoso, dibujó el papel del caramelo.

1957 mil novecientos cincuenta y siete

1968 mil novecientos sesenta y ocho

10 II 25 **Observa y practica con tu compañero.**

¿Cuándo se publicó *Alicia en el País de las Maravillas*?

En mil ochocientos sesenta y cinco.

Recuerda

1865 - mil ochocientos sesenta y cinco → 1000 mil; 800 ochocientos; 65 sesenta y cinco

11 26 Escucha y lee. Luego, contesta.

INIESTA

Andrés Iniesta Luján nació en Albacete el 11 de mayo de 1984. Jugó en el equipo de los jóvenes del Albacete Balompié. Con 12 años fue a vivir a La Masía, en Barcelona. La Masía es la escuela donde viven y aprenden los futuros jugadores del Barcelona F.C. En la temporada 2002-2003 jugó con este equipo con la camiseta número 8. Fue jugador de la Selección Española de Fútbol entre 2006 y 2018 con la camiseta número 6.

En el año 2010 quedó segundo para el Balón de Oro después de Messi.

En 2010 marcó el único gol de la final de la Copa Mundial de Fútbol en Sudáfrica contra Holanda.

En la temporada 2011-2012 fue el mejor jugador de Europa.

Andrés Iniesta tiene una calle con su nombre en el pueblo donde nació. Él vive en la calle Andrés Iniesta, número 1. ¡Qué divertido!

¿Verdadero o falso?

1. Iniesta nació en Barcelona el 11 de mayo de 1984.
2. Tiene la camiseta número 8 con el Barcelona F.C.
3. En el año 2010 ganó el Balón de Oro.
4. En 2011-2012 fue el mejor jugador de Europa.
5. En la final de la Copa Mundial de Fútbol marcó dos goles.

12 ¿Quién es tu personaje favorito? Cuenta su biografía.

Johnny Depp

Shakira

Rafa Nadal

UNA PIEDRA MUY VALIOSA

27

¿Fuiste de excursión el sábado con tus amigos?
¡Sí! ¡Fue muy divertido!
Estuvo con nosotros Luis, el profesor de Matemáticas.
Y, ¿qué hiciste?
El autobús llegó temprano. Cuando terminó el viaje, el profesor estuvo hablando sobre la naturaleza y los animales.
¿Y fue Mota con vosotros?
¡Sí, claro!
¡GUAU!
¡GUAU!
Luis explicó un juego que nos gustó mucho: “En busca del Tesoro”. Antes de hablar con nosotros escondió un tesoro que más tarde vio Lucía.
¡¡¡¡Aquí estááááá !!!
¡Bieeen, estupendo!
¡Muy bien, Lucía!
¿Qué comiste?
Comí un bocadillo de jamón y queso, y bebí agua. También, una manzana.
Y, ¿qué hiciste después?
Luis nos habló del reciclaje.
El otro día hice un cartel de reciclar.
María habló de la gaviota que salvó.
¿Adónde fuiste después?

Cada uno hizo cosas diferentes. Un grupo jugó al fútbol.
Otro grupo habló un rato.
Yo paseé con Mota. ¡Le gusta mucho!
Mira, abuelo, esta piedra.
¡Uy, Juan! ¡Es una piedra muy importante!
A los dos días...
MUSEO ARQUEOLÓ
¿De dónde es esta piedra?
El sábado pasado estuve en la Arboleda Perdida.
Paseé un rato a mi perra y encontré esta piedra.
Un momento, por favor. Es una piedra muy valiosa y antigua.
EL NOTICIERO
¡UNA PIEDRA MUY VALIOSA!
El Museo Arqueológico tiene desde ayer una nueva pieza muy valiosa. Un niño de 10 años fue con sus amigos a la Arboleda Perdida el sábado pasado. Estuvo jugando con una "piedra" durante dos días. Su abuelo vio que la piedra era especial. La llevó al museo. Allí, Francisco García, el director, la estudió y vio que era un objeto prehistórico.
EL NOTICIERO
¡Viva, Juan! ¡Bien, Juan!

CONTINÚA CON NOSOTROS EN EL TABLERO DIGITAL.

Unidad 9

¡Qué azul está el mar!

Sesión 1

1 28 **Escucha y canta.**

En la playa, en la montaña,
en el bosque, en el desierto.
¿Hace frío o calor?
¿Es lluvioso o es muy seco?

La selva es muy húmeda,
hay árboles y plantas.
La playa es un lugar
donde está la arena y el mar.

Hay un valle con un río,
es un lugar tranquilo.
La montaña está nevada,
hace mucho frío.

2 29 **Escucha y repite.**

3 30 Pregunta y responde.

Es un lugar donde hace calor y hay arena.

Es el número 1. La playa. Me toca. Es un lugar donde hay…

Es…

4 Juega con tu compañero.

Necesitas:

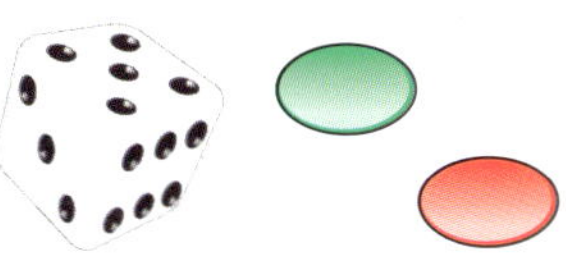

Es un desierto, hace calor y hay un oasis.

Es una montaña y hace frío.

5 31 ¡Así suena! Escucha y repite.

El burrito barrigón
ayer se dio un resbalón.
Por andar detrás de un carro
se cayó dentro del barro.
¡Qué burrito picarón,
el burrito barrigón!

Sesión 2

6 32 **Escucha y observa.**

¿Cómo es?

El valle es un lugar profundo y tranquilo.

La montaña es un lugar frío y nevado.

profundo • tranquilo

seco • caluroso

El desierto es un lugar seco y caluroso.

La selva es un lugar húmedo y lluvioso.

nevado • frío

húmedo • lluvioso

7 **Elige y describe.**

selva
playa
desierto
bosque
valle

roca
mar
arena
árboles
pico
plantas
montaña
lago
río

seco
caluroso
húmedo
nevado
profundo
tranquilo
lluvioso
frío

El bosque tiene árboles y un río. Es un lugar húmedo y lluvioso.

Recuerda

Es un lugar...	profundo • tranquilo seco • caluroso frío • nevado húmedo • lluvioso
Hace...	frío • calor

8 Lee y aprende.

El **lago Titicaca** es un lugar muy húmedo. Está situado entre los países de Bolivia y Perú. Hace mucho frío en invierno y mucho calor en verano. Es el lago navegable más alto del mundo. Tiene 8562 km^2 y una profundidad de 281 metros. Es un paisaje muy bonito, hay playas de arena y muchas plantas y animales.

El **desierto de Tabernas** está en la provincia de Almería (España). Es un parque natural de 280 km^2. Es el único desierto en toda Europa. Es un lugar muy seco. Las lluvias son pocas pero muy fuertes, y hay muy pocas plantas. El desierto de Tabernas fue «el Hollywood europeo», donde se hicieron muchas películas.

Sierra Nevada está en Andalucía, en el sur de España. Es un lugar donde hay montañas muy altas. Sus picos más altos son el Mulhacén, de 3482 metros y el Veleta, de 3394 metros. Hace mucho frío y están nevados todo el año. Sierra Nevada tiene una estación de esquí muy importante. Muchas personas van allí a esquiar.

El **río Amazonas** es el río más largo y más caudaloso del mundo. El río tiene unos 6762 km de largo; nace en las montañas de los Andes, en Perú. La selva amazónica es muy grande: es un lugar muy húmedo, con un paisaje maravilloso. Aquí hay muchos animales y plantas. Sus aguas limpias son buenas para practicar *rafting*.

9 Elige la respuesta correcta.

1. Es un lugar donde hace mucho frío y sus montañas están nevadas todo el año.
   a) El desierto de Tabernas.
   b) El río Amazonas.
   c) El pico del Mulhacén.

2. Es el más largo y caudaloso del mundo.
   a) El desierto de Tabernas.
   b) El río Amazonas.
   c) El lago Titicaca.

3. Es el lugar navegable más alto del mundo.
   a) Sierra Nevada.
   b) El lago Titicaca.
   c) El desierto de Tabernas.

4. Hace mucho calor. Es un lugar muy seco y tiene pocas plantas.
   a) El río Amazonas.
   b) El desierto de Tabernas.
   c) El lago Titicaca.

Sesión 3

10 33 Escucha y repite.

La montaña de Tomás es **tan alta como** la montaña de Carmen.

La montaña de Pablo es **más alta que** la montaña de Juan.

La montaña de Juan es **menos alta que** la montaña de Pablo.

Hay **pocos** árboles y **pocas** plantas.

Hay **varios** árboles y **varias** plantas.

Hay **muchos** árboles y **muchas** plantas.

11 Completa oralmente.

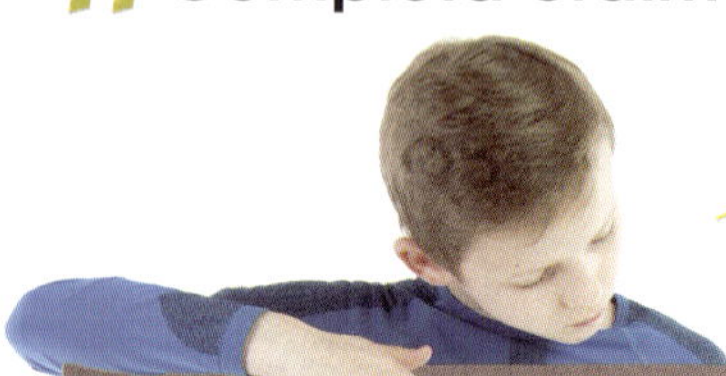

Este lago es tan grande como ese.
Es un lugar muy húmedo y hace frío.

a 

b 

c 

d 

e 

f 

Ahora, te toca a ti.

- ¿Qué lugar es?
- ¿Qué hay?
- ¿Qué tiene?

Recuerda

El desierto es **más** seco **que** el valle.
La playa es **menos** húmeda **que** la selva.
El lago es **tan** húmedo **como** el río.

12 Juega con tu compañero.

Necesitas:

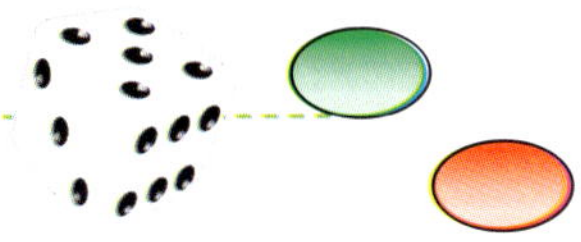

SALIDA
1
¿Qué animal es?
¿Es grande o pequeño?
¿Qué tiene?
2
¿Tú reciclas?
¿Qué haces?
3
Ir a la...
es...
4
¿Cuántas veces tomas...
...a la semana?
5
¿Qué está haciendo?
¿Qué hora es?
6
¿Qué animal es?
¿Qué tiene?
7
¿Qué lugar es?
8
¿Te gusta...?
¿Por qué?
9
Ir al...
pienso que es...
10
¿Qué está haciendo?
11
¿Qué lugar es?
¿Cómo es?
12
¿A qué hora te levantas?
¿A qué hora cenas?
13
¿Qué número es?
1843
14
¿Qué hiciste ayer?
15
¿Qué le apetece?
Y a ti, ¿qué te apetece?
16
¿Qué está haciendo?
17
¿Qué has desayunado?
¿Qué prefieres desayunar?
18
¿Qué animal es?
¿Qué tiene?
19
¿Dónde vive?
20
¿Qué lugar es?
¿Cómo es?
21
¿Qué lugares son?
22
Me gusta mucho...
porque es...
23
Ir a la...
pienso que es...
24
¿Qué están haciendo?
25
¿Qué haces todos los días?
26
¿Qué lugar es?
¿Cómo es?
27
Ir al...
es...
28
¿Qué hace en su tiempo libre?
29
LLEGADA
30

¡VAMOS A LA PLAYA!

34

¡Vamos, chicos!
¡Vamos a la playa!
Sí, tenemos muchas ganas de salir.
¡Pasadlo bien!
Pasamos por un bosque muy húmedo y lluvioso.
Sí, y tiene muchas plantas y muchos árboles.
Vamos a ver también un valle.
¡Uf! ¡Qué tiempo!
El bosque es un lugar muy húmedo y lluvioso.
Pero la playa es un lugar seco y caluroso.
Y hace mucho calor. ¡Biennnn!
¿Qué haces Lucía?
Estoy escuchando música.
Tomás, deja de escribir, te toca.
¡Perdona! Estoy hablando con mi amigo Andrés.
¡Mirad el valle!
¡Vamos a la playa, calienta el sol!...
Es un valle muy profundo.

La montaña es tan alta como la que vi con mis padres el año pasado.
Hay un río muy largo.
¡Qué bonito!
¿Estamos cerca?
Sí, muy cerca.
Estamos llegando. No os levantéis.
¡Biennnnn!
¡Mirad, la playa!
La arena es muy blanca.
Es muy grande. ¡Qué azul es el mar!
¡Hace mucho calor!
¡Vamos a bajar!
Venga, vamos.
¡Me voy a bañar!
¿Vestida?
JA
JA
JA
¡Carmennnnnn! Tus zapatos.
JA
JA
JA
¡Estamos de vacaciones!
¡Felices vacaciones!
CONTINÚA CON NOSOTROS EN EL TABLERO DIGITAL.

¡LLEGA LA NAVIDAD!

1 35 **Escucha y canta.**

En el portal de Belén
hay estrellas, sol y luna,
la Virgen y San José
y el Niño que está en la cuna.

Pastores venid, pastores llegad,
a adorar al Niño
que ha nacido ya.

Al niño miró la Virgen,
a la Virgen, San José,
al niño miran los dos
y se sonríen los tres.

2 36 **Escucha y repite.**

mazapanes

polvorones

turrón

pavo

pandereta

zambomba

Nochebuena y Nochevieja

3 Escucha y lee.

La Navidad empieza el 24 de diciembre y termina el día 6 de enero.

El día 24 de diciembre celebramos la Nochebuena. Cenamos pavo y después muchas familias van a la Misa del Gallo para celebrar el nacimiento del Niño Jesús. También, comemos mazapanes, polvorones y turrón mientras cantamos villancicos en el portal de Belén.

El día 25 de diciembre es el día de Navidad.

El día 31 de diciembre celebramos la Nochevieja. Los españoles cenamos en familia y, después, tomamos las doce uvas para celebrar el año nuevo. ¡Son las uvas de la suerte!

El día 6 de enero vienen los Reyes Magos. Los niños reciben regalos si han escrito su carta antes y ¡han sido muy buenos!

4 ¡Haz tu portal de Belén!

Necesitas:

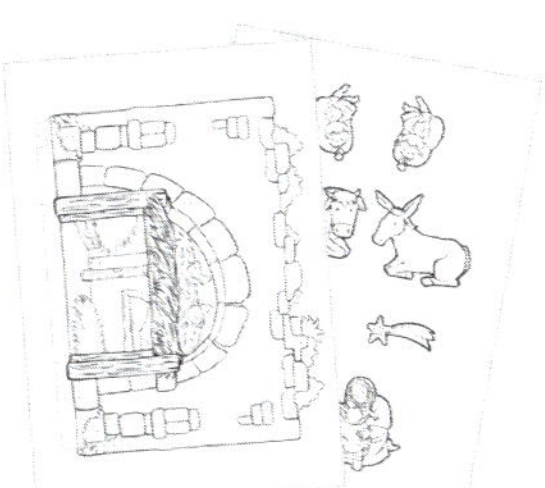

fotocopiable

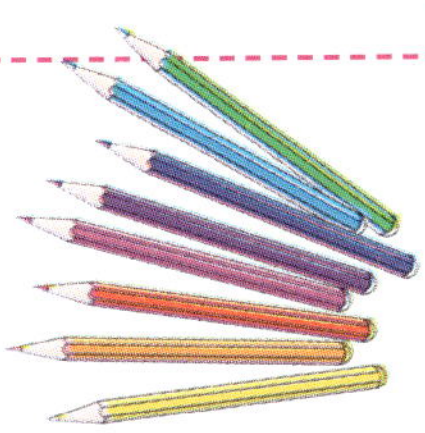

lápices de colores

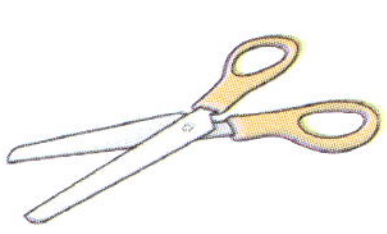

tijeras

pegamento

¡Vamos a la feria!

1 II 38 **Escucha y canta.**

¡Vamos a la feria!
¿Dónde te vas a montar?
¡Mira allí! ¡Hay una montaña rusa!
¡Me voy a montar!
Papá, me quiero montar en la noria.

¡Mira allí! ¡Hay un tren de la bruja!
¡Me voy a montar!
Mamá, me quiero montar en la noria.

¡Mira allí! ¡Hay coches de choque!
¡Me voy a montar!
Papá, me quiero montar en la noria.

2 II 39 **Escucha y lee.**

Las ferias viajan por toda España. En las ferias hay muchas atracciones. Te lo pasas muy bien y es muy divertido.
Me gusta subir a la **noria** y ver desde arriba la feria. El **látigo** gira en círculo. El **tren de la bruja** da vueltas. ¡Qué miedo! En los **coches de choque** puedes correr mucho. Los más pequeños prefieren el **tiovivo**. También hay **tómbolas** y **quioscos** de churros, de manzanas y de algodón.

3 40 **Escucha y lee. Luego, escribe.**

La feria de Sevilla

La feria es una fiesta de muchas ciudades y pueblos de España. Una feria muy famosa es la Feria de Abril de Sevilla. Empezó como un mercado de cerdos, vacas y caballos, pero, además, se vendían alimentos como frutas, verduras y vino.

En la feria nos divertimos mucho comiendo y bebiendo con los amigos y lo hacemos en las casetas. Los platos típicos son la tortilla española y el "pescaíto" frito.

También cantamos y bailamos las famosas sevillanas. El traje típico de las mujeres se llama traje de flamenca, también llevan abanicos y flores en el pelo. El traje típico de los hombres es el traje de corto y lo usan cuando montan a caballo.

Las familias pasean por el Real, que son las calles de la feria. También hay un paseo para los caballos y los coches de caballo.

Cuando es de noche, encendemos bombillas que se llaman farolillos y las calles se iluminan. Cuando termina la feria vemos los fuegos artificiales.

4 ¡Crea tu abanico!

Necesitas:

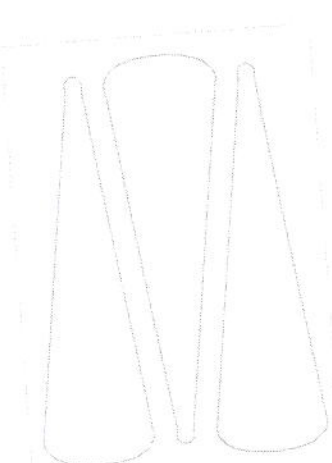

fotocopiable

cartulinas

pegamento

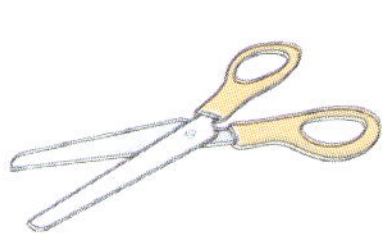

tijeras

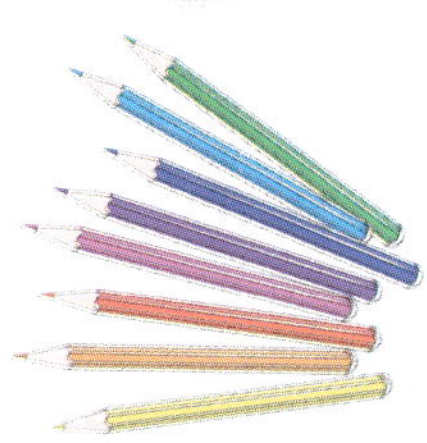

lápices de colores

fastener

COLOREA

Material fotocopiable